TEAM COACHING WITH THE SOLUTIONCIRCLE

A Practical Guide to
Solutions Focused Team Development

高效团队

教练解决圈实战手册

[瑞士] 丹尼尔·迈耶　著

岳蕾　译

序 一

本·富尔曼

丹尼尔·迈耶（Daniel Meier）为我们所有人干了一件大好事，写了这本关于如何以焦点解决的方式教练团队的、实操性的、接地气的、具有高度指导意义的书。

"聚焦于解决方案"（solution-focused）这个术语实际上是个误称。在20世纪70年代，一种有趣的短程心理治疗方式在美国出现。这种治疗方式基于这样一种想法：当人们带着问题来找我们做咨询时，我们应该对是什么维持了这个问题更感兴趣，而不是对导致问题的可能原因更感兴趣。有人提出，通过聚焦于人们如何试图解决他们的问题，我们可以识别出这些问题得以维持的机制，然后能够给出替代性的处理方式的建议。从理解问题是如何维持的视角去分析问题，然后提出其他可以帮助解决问题或至少阻断问题得以维持的机制的行动步骤，这些都是"聚焦于问题"（problem-focused）取向的咨询顾问的工作。

然而在20世纪80年代，一种新的短程治疗模式出现了。它不再基于分析问题得以维持的机制，而是基于分析取得进步的机制。在这种模式中，人们无须过多关注是什么使问题永存，更无须关注导致问题的原因是什么。相反，我们感兴趣的是迄今为止什么方法对解决问题有用，哪怕只是暂时地解决问题。这种模式彻底不同于聚焦于问题的模式，它得有个新名字。但是，一种解决问题的新模式，却完全不聚焦于问题，而是聚焦于已经存在的进步。你应该如何命名它？有了！当然是"聚焦于解决方案"！这个术语是个文字游戏。你也许会说，聚焦于问题的反面就是聚焦于解决方案，但这不完全正确。更恰当的术语应该是"聚焦于进步"（progress-focused），但这个名称缺乏吸引力。

然而，聚焦于进步就是关于这种新模式的一切。你让人们参与到一场会谈中，谈论他们在生活中希望看到哪些进步发生，你帮助他们识别已经发生的进步的迹象，并且帮助他们去规划需要采取的行动，以便看到更多他们期望的进步出现。这种模式简单、有效又节约时间。它唯一的问题是太过简单，以致人们不太拿它当回事。因为人们生活在这种假设中：简单的想法，不可能是深刻的想法。

焦点解决心理学不只是对治疗有用，这点很快就被证实了。焦点解决心理学很了不起，可以帮助我们进步，解决我们的问题。因此，这种方式被越来越多的顾问、教练、经理、教师等采用。

最近几年，一群具有创造力的人成功地将焦点解决心理学应用于团队建设和组织发展。他们中的许多人找到了重新打包这些概念的方式，使其更容易在组织情境中被采用。这正是丹尼尔成功的地方。他吸收了焦点解决模式的主要成分，并将它们分成清晰的步骤，这样便于任何有兴趣尝试它的人在任意一组人群中去使用。

丹尼尔完成了一项令人敬畏的工作。对于任何认真使用焦点解决方式与团队工作的人而言，他做出了一项贡献。这本书为你提供了舞步，遵循这些舞步，你会惊讶地发现，这个简单而深刻的模式可以协助你去帮助团队以有效，同时又有趣的方式实现团队目标。

（作者系赫尔辛基短程治疗学院重建团队方式发明人，更多相关信息请访问 www.reteaming.com。）

序 二

李添平

  团队教练经常与团队建设、团队引导、团队成员的个人教练、团队战略或行动学习相混淆。组织甚至可能引入评估工具来确定每个团队成员的个性、优缺点，希望在共同实现组织成果的过程中相互理解。我不断收到人力资源部的要求，为团队提出解决方案。一些要求是为了建立团队，以实现他们的绩效目标和关键结果；另一些则是为了让团队在处理内部紧张关系和冲突时更好地合作。

  在疫情期间，国际教练联合会于 2020 年 11 月发布了团队教练核心能力之后，团队教练也成为热点话题。团队领导者们和教练们也接触到了多种形式的团队教练。关于"团队教练是什么"的困惑，并不少见。丹尼尔·迈耶的这本书中关于团队教练的解释脱颖而出，明显更胜一筹。这本书基于他数十年的工作经验，体现了焦点解决最精华的部分。焦点解决模式已经存在近五十年。而整体而言，教练只存在了二十五年。

这本书现在被翻译成中文正合时宜，可以让更多人从阅读中受益。这本书包含了焦点解决模式和团队教练的所有元素，教练、顾问、经理和团队领导可以利用它们来成功地吸引客户和团队。团队成员将开始获得接下来的工作的主导权，因为他们将为团队想要的未来做出贡献。丹尼尔分享的解决圈八步骤中包含各种各样的方法。它们实用、强大且易于应用。你的团队会惊讶于它们是多么简单且有效，帮助团队成员在螺旋上升的团队对话中激发出自己的能量。

对于任何有兴趣成为一个更出色的团队教练的人而言，这本书将是一本实用的指南。它将提供成功掌控团队中最具挑战性的情境所需的框架和干预措施。

（作者系新加坡经认证的大师级高管教练、作者、大师级实践者、教练和导师督导。）

序 三

骆 宏

受邀为这本书写序，我毫不犹豫就答应了。一个重要的理由是，我特别愿意看到又有焦点解决的新书可以提供给广大读者，而且还是一本关于焦点解决教练的书。

屈指一算，焦点解决模式传入中国已有二十年。它所特有的"专注未来"的思维方式，隐隐地契合着国人的"扶正哲学"。而在这个变化加剧，每个人都像坐上了过山车的时代，学习焦点解决思维宛如导入了一股思想的清流，特别让人清醒振作！如今，这种模式在心理咨询或心理治疗领域已经得到了充分认可及广泛应用。然而，焦点解决的推广一直还有一个重要的领域值得开发，那就是焦点解决教练在组织管理中的应用。与心理咨询或心理治疗的助人解惑功效相比，教练扮演着激发客户主观能动性的角色。面对越来越模糊、越来越复杂的未来画面，如何在各个职业领域保持一分淡定与定力，焦点解决教练或许可以贡献几许。它的魅力在于为我们提供了一套简洁高效、直指人心的心智模式。学习这套模式，就如同更新了人生地图的 GPS，对自己要去哪里更加清晰，对自己拥有什么更加有底，对当下如何行动更有把握。

本书介绍的解决圈，在我看来有点类似日常讲的"管理闭环"，是一种面向未来的、注重营造积极氛围的、寻求可持续完善的团队激发工具。当然，它不仅仅限于激励团队使用。作者丹尼尔·迈耶保持了焦点解决教练一贯简洁的风格，在不长的篇幅里简明扼要地表达了焦点解决团队教练的要义。每次阅读这本书，我都会想起数年前宁波出版社推出的另外一本书，我的老师彼得·邵博（Peter Szabó）与本书作者一同撰写的焦点解决教练书籍——《高效教练：焦点解决教练精要》。在我看来，它们放在一起可以算得上是个体与团体应用的姐妹篇。

最后，我特别想说说本书的译者，我的师妹——岳蕾女士。她的本科专业是英语，硕士期间学的是心理学。2014 年，我们一起在加拿大多伦多大学接受了邵博的焦点解决教练培训。此后，她一直保持着对焦点解决教练的专注，如今已经成为业内一名人气颇高的焦点解决专业教练以及培训师。看她使用焦点解决教练，我感受到的是专业和纯正，是一种视听的享受。或许是她身体力行地实践焦点解决的缘故，这些年我总能感受到她气质的变化，越来越淡定从容！正是她的学业背景以及孜孜不倦的践行，由她翻译的这本书，恰如其分地表达了作者试图呈现的焦点精髓。毫不夸张地讲，这本书堪称国内同类书籍的典范！

一个人走得快，一群人走得远。相信这是一本特别适用于在组织管理中谋求"走得远"的有识之士阅读并加以应用的书籍。当然，它也可为所有接受焦点解决理念的人提供启发和借鉴。我由衷地希望，每个学习和实践焦点解决的伙伴，都能从中找到自己的梦想所在，融入我们身处的时代，享受生命激荡的乐趣，进而生发出一个个有质量的生命故事！

（作者系杭州师范大学心理学教授，杭州焦点解决中心发起人。）

译者序

岳 蕾

2016年4月,我前往吉隆坡参加"焦点解决与领导力"培训,不仅有机会向加拿大的黑森·穆恩(Haesun Moon)、芬兰的本·富尔曼(Ben Furman)和新加坡的李添平(Simon Lee)等教练们在课堂上学习,还在那里小住了十来天,有机会随马来西亚的焦点解决专业教练前辈余梦兰老师进入她的几家客户公司实地观摩学习一周,现场领略她如何用焦点解决模式为企业和团队赋能。那真是一段让我收获颇丰的团队教练实战学习之旅。

也是在那次,梦兰老师向我提起了丹尼尔·迈耶的这本书。她说:"丹尼尔·迈耶的书非常好用,是焦点解决团队教练的精华之作。"回到杭州,我马上在网上搜索下单,又等了几个星期,终于拿到了跨越山海而来的英文原版书。

翻开前言,我就被作者坦诚而接地气的表述吸引了。作为一位长期与企业和客户打交道的教练实践者,他选择和判断一种方法是否有用的标准让我眼前一亮:

不唯理论，更讲究实践；不图解决一时一事，更看重团队的长期发展；不追求复杂花哨，更强调简单、好用，而且能在多种情境中有效发挥作用……

随着阅读的深入，我如获至宝。虽然那时我已经在焦点解决教练的实践道路上走了几年，但我更多的是提供一对一的教练服务，面对团队的需求，还不得章法。于是我一边啃着英文原版书，一边开始在工作中找机会实践。当在实践中遇到问题时，我又回来书中找答案。真是越用越爱读，越读越用得称手。有一天，我突然对自己说："这么好的书，为什么不翻译成中文版，让更多人有机会学习呢？"

于是，我将原本在书页空白处做的笔记，搬到了电脑文档里。原先只是对重点部分进行了翻译，之后又慢慢补足了其他部分的翻译。这本书的翻译工作，就这么上路了。其间，我也有过懈怠，特别感谢我的朋友张维女士在我不想动笔的时候，给了我最大的支持和鞭策。

更让我有动力去完成这件事的是，2017年9月，我到德国法兰克福参加世界焦点解决大会，得到我的教练督导黑森·穆恩的引荐，见到了作者本人，并对他做了一小时的访谈。得知我正在翻译他的书，丹尼尔表示非常支持，让我在翻译中遇到任何问题可以随时发邮件问他，又听说我还没有联系到合适的出版社，他鼓励我说慢慢来，何时都不晚。

我的佛系和拖延症，让我终于在2019年底与宁波出版社签订了出版合同，却又因为疫情的意外爆发，所有环节都暂时中断，让它赶上了2021年国际教练联合会发布团队教练核心能力标准，团队教练成为热门话题。感谢宁波出版社的陈静总监、刘思雨编辑，一切都是最好的安排。

感谢丹尼尔·迈耶、黑森·穆恩、李添平、余梦兰教练在本书中译本诞生过程中给予我的大力帮助和鼓励。感谢当年引领我进入焦点解决领域的骆宏博士。九年来，我的教练学习和实践都离不开各位焦点解决教练前辈们的指引和点拨，因而我也特别想要努力发挥自己在语言上的小小能力，架起一座桥，将我从讲英语的老师们那里汲取的养分，传递和分享给更多的人。

感谢我的先生对我的教练学习和翻译工作的无条件支持。感谢我的女儿督促我的英语学习。

我愿向月而行，纵然可能交错而过，也将置身繁星之中。

（作者系 CSFC 焦点解决专业教练。）

作者序

"解决方案才不在乎问题从哪儿来。"

——W·赫伦（W. Herren）

这句引述看似与常识相反，但事实上可能是正确的。尤其在应对团队中的冲突时，它是一条强有力的箴言。同事吵架、团队不合或是变革进程陷入僵局，通常都发生在彻底地分析了情况、把原因和罪魁祸首揪出来之后。大量的会议都以广泛地分析问题为特征。

解决圈完全颠覆了这个流程及其潜在的思维方式，并显示出团队可以如何表现得更有效率、更具生产力。

本书是一份请柬

我邀请你来学习一种简单却有效的团队发展方式，让你的团队即便在动荡不安的情境下仍能系统地、可持续地发展。当与团队工作时，解决圈在以下诸多方面体现了思考模式的转换：

» 不问"为什么"陷入困难情境,相反,在解决圈里,我们对"在哪里"更感兴趣!

» 与其投入大量时间、精力去详细分析问题,不如在解决圈里持续地聚焦于我们过往的成功经验并以此作为建构解决方案的基础。

» 在解决圈里,我们的目的是在已有优势、能力和技巧的基础上采取新的行动,而不是试图消除团队中的问题。

解决圈来源于我的教练经验。我为各种类型的公司提供教练服务,经常没有足够的时间去帮助陷入困境的团队开展工作。所以,我开始寻找能帮助我以欣赏的心态持续地改善团队复杂情境的思路和方法。

在寻找有用的方法的过程中,我遵循着下面这些思路:

» 我对理论模型的兴趣不大,更喜欢那些在真实生活中经过尝试和检验的具体构思。我对在团队日常情境中起作用的东西感兴趣。

» 对我而言,重要的是使用那些能将团队能量集中在解决方案上的工具。我见过许多情境,陷入困境的个人或整个团队饱受埋怨。团队会议和会议间歇被用来历数各种缺点和管理不善,然而通向解决方案的关键步骤却只字未提。面对生死攸关的变革情境,团队仍想要维持原样,固化不动。

» 我寻找的是能让团队获得更多成就的方法,而不仅仅是帮助团队克服一个困难情境或解决一个问题。在混乱情境中，团队同样能够找到其未来发展的伟大机会。这种方法的目的是利用这个机会，并富有成效地使用它！

» 我要寻找的是一种简单而合理的方法，人们不需要太多的背景知识就能使用它。我对那些能被高效运用在各种情境中的工具，每一位团队领导、经理乃至团队成员都能运用的工具做了搜寻。

» 我极其渴望我和团队的工作成果能被执行。在我的脑海中，我看到了数十张写有团队规则和团队分析的卡片，以及从这些分析中衍生出来的举措，排着队在我面前游行。我曾经作为团队成员或团队领导参与过无数个关于团队发展、绩效改进、危机干预等的工作坊，然而，所有那些写在白板上的举措，相比那些真正被实施的举措，产出实在是不值一提。这就是为什么我想要弄清楚，团队如何才能够朝着他们的共同目标成功迈向期待的方向。

短程治疗模式

史蒂夫·德·沙泽尔（Steve de Shazer）和茵素·金·伯格（Insoo Kim Berg）在美国密尔沃基的短程治疗中心发展出来一种以解决方案为导向和以资源为导向的工作模式，我在他们的基础上创建了我的模型。作为家庭治疗师，他们寻找的是能在较短时间内帮助夫妻们取得更好结果的方法。通过聚焦于解决方案，他们能够将咨询时间平均减少70%，同时达到与传统治疗模式相同的成功率。他们与客户会谈的核心并非某个详尽描述的理论模型，而是对客户日常生活中已被证实的成功方法的缜密分析：哪个问句和干预措施在客户生活里产生了有用的结果？透过这样的视角，他们仔细观察并评估了各种各样的干预方法和会谈过程。解决方案导向的工作模式就是从对咨询有效性的研究中发展出来的。最近，这种引导会谈的方法得到了进一步的发展，不仅用于治疗，而且也用于为企业里的个人提供教练会谈、为团队提供夯实工作基础的服务。

解决圈

本书中使用的这种工作方式被称为"解决圈"（the SolutionCircle）。这个标签及其背后的方法依仗于团队对想要的未来发展出一幅清晰而现实的图景：未来的团队工作是目标导向的、有意思的、有效率的、有乐趣的共识画面。我们不断看向想要的目标——而不是看向那些会阻碍我们达到目标的问题！要实现这个目标，关键在于我们要聚焦于并揭示已有的资源——它们是我们想要的未来所生长的土地。

亲爱的读者，我想要为你创造出一本小书，为你提供一份对这个方法的优质概述，使你能相对快速地阅读，并帮助你决定是否打算学习更多有关解决圈的内容。我希望我已经达到了这个目标。我希望你和其他人被鼓舞着将解决圈的单个元素整合到你的日常生活中；我也同样希望你在首次小心翼翼地尝试解决圈的过程中会经历某些不可思议的时刻，然后怀着热情更加好奇地进一步探究这个方法。

提示与技巧

在接下来的章节中你将发现一个工具包：我会介绍四项基本原则，解释每一个元素并描述最重要的工具。大量的实践案例将说明这个方法是如何起效的。工具箱提供了许多有用的提示和技巧。然而，提示和技巧并不是万灵药，因为人不是机器。一个技巧会绝妙地适用于某个团队，也会在另一个情境中惨遭失败。人类的反应无法预先决定，在不同情境中人的反应也是不同的。因此，如果只是生搬硬套本书中介绍的提示和技巧，你也许不会有太大作为，因为这些方法在你所处的具体情景中会不管用。无论你做什么，它必须适合你，是你自己的态度和信念的表达。否则，你会被人看出言不由衷、口是心非。无论你阅读后决定做什么，你必须把它变成适合你的东西。

请在这本工具书中找到乐趣。用它给那些正在寻求进步的团队带去解决导向的方法，试试解决导向的问句，在你的团队会议中创造性地使用解决圈的某个元素，从小处着手，让你自己惊讶于所发生的事情。最后，你自己的经验才是有价值的。这本书只是一个邀请，我希望你接受这份邀请。你将拥有与我相同的经历：你会变得更加有勇气去使用它，更有动力、更好奇；你会挖掘出更多空间去行动，并且会与你的团队更成功地达成目标。

2004 年 1 月

写于布雷姆加滕

目 录

序 一 ····················· 本·富尔曼 001
序 二 ····················· 李添平 004
序 三 ····················· 骆 宏 006
译者序 ····················· 岳 蕾 009
作者序 ························· 012

1. 解决圈介绍 ····················· 001

2. 四项基本原则 ····················· 018
    聚焦于建构解决之道 ············· 020
    以成功为构建的基础 ············· 028
    照亮资源 ····················· 034
    发现新视角 ··················· 038

3. 有用的态度 ························· 041

4. 解决圈步骤 ························· 049
    步骤综述 ····················· 051
    准备基础 ····················· 052
    期待与目标 ··················· 055
    热点话题 ····················· 059
    聚焦亮点 ····················· 062
    未来的理想状态 ··············· 066
    刻度舞步 ····················· 068
    行动步骤 ····················· 074

　　　　个人任务⋯⋯⋯⋯⋯⋯⋯⋯⋯⋯⋯⋯⋯⋯⋯⋯⋯⋯⋯⋯⋯⋯ 077

5. 使用解决圈建立工作坊 ⋯⋯⋯⋯⋯⋯⋯⋯⋯⋯⋯⋯⋯⋯⋯ 079

6. 应对个性员工 ⋯⋯⋯⋯⋯⋯⋯⋯⋯⋯⋯⋯⋯⋯⋯⋯⋯⋯⋯ 088

7. 工具箱 ⋯⋯⋯⋯⋯⋯⋯⋯⋯⋯⋯⋯⋯⋯⋯⋯⋯⋯⋯⋯⋯⋯ 098

　　　　发现解决之道的问句⋯⋯⋯⋯⋯⋯⋯⋯⋯⋯⋯⋯⋯⋯⋯⋯ 098
　　　　用于反思的暂停⋯⋯⋯⋯⋯⋯⋯⋯⋯⋯⋯⋯⋯⋯⋯⋯⋯⋯ 110
　　　　沉默与专注意识⋯⋯⋯⋯⋯⋯⋯⋯⋯⋯⋯⋯⋯⋯⋯⋯⋯⋯ 111
　　　　照亮微小的成功⋯⋯⋯⋯⋯⋯⋯⋯⋯⋯⋯⋯⋯⋯⋯⋯⋯⋯ 111

8. 保持进展 ⋯⋯⋯⋯⋯⋯⋯⋯⋯⋯⋯⋯⋯⋯⋯⋯⋯⋯⋯⋯ 113

　　　　庆祝进步⋯⋯⋯⋯⋯⋯⋯⋯⋯⋯⋯⋯⋯⋯⋯⋯⋯⋯⋯⋯⋯ 113
　　　　用调查进行额外强化⋯⋯⋯⋯⋯⋯⋯⋯⋯⋯⋯⋯⋯⋯⋯⋯ 115
　　　　召开后续工作坊⋯⋯⋯⋯⋯⋯⋯⋯⋯⋯⋯⋯⋯⋯⋯⋯⋯⋯ 121
　　　　团队日常工作中的解决方案冲浪⋯⋯⋯⋯⋯⋯⋯⋯⋯⋯⋯ 124
　　　　在变革与发展进程中运用解决圈⋯⋯⋯⋯⋯⋯⋯⋯⋯⋯⋯ 128
　　　　运用团队教练的基本架构⋯⋯⋯⋯⋯⋯⋯⋯⋯⋯⋯⋯⋯⋯ 131

9. 外部顾问 ⋯⋯⋯⋯⋯⋯⋯⋯⋯⋯⋯⋯⋯⋯⋯⋯⋯⋯⋯⋯ 132

　　　　雇用外部顾问：经理的视角⋯⋯⋯⋯⋯⋯⋯⋯⋯⋯⋯⋯⋯ 132
　　　　从接触到合约：外部顾问的视角⋯⋯⋯⋯⋯⋯⋯⋯⋯⋯⋯ 134

尾　　声 ⋯⋯⋯⋯⋯⋯⋯⋯⋯⋯⋯⋯⋯⋯⋯⋯⋯⋯⋯⋯⋯⋯ 141
致　　谢 ⋯⋯⋯⋯⋯⋯⋯⋯⋯⋯⋯⋯⋯⋯⋯⋯⋯⋯⋯⋯⋯⋯ 142
一个小游戏 ⋯⋯⋯⋯⋯⋯⋯⋯⋯⋯⋯⋯⋯⋯⋯⋯⋯⋯⋯⋯⋯ 143
附录：解决圈步骤概览 ⋯⋯⋯⋯⋯⋯⋯⋯⋯⋯⋯⋯⋯⋯⋯⋯ 145
参考文献 ⋯⋯⋯⋯⋯⋯⋯⋯⋯⋯⋯⋯⋯⋯⋯⋯⋯⋯⋯⋯⋯⋯ 155

1. 解决圈介绍

Introducing the SolutionCircle

以月球为目标。即使错过了月球,你也会降落在群星中。

——莱斯·布朗(Les Brown)

你带领着一个团队,并且正在寻找有效的方式去实现你们雄心勃勃的目标。

你注意到团队中的冲突和紧张状态,并想要去处理它们。或者,你想要重拾活力、乐趣和热情。这就是为什么你在寻找能帮助你有效且持续地应对上述情境的方法。

你的团队正面临变革(或已经处在变革的过程中),你正在寻找工具使变革成功进行下去。

你接手了一个新项目。时间紧,任务重。你要寻找一套工作方法,使你的项目组从一开始就能持续地用以结果为导向的方式工作。

你想要你的团队成员有更多责任感,并希望他们培养出企业家精神。

针对以上及类似情境,解决圈是经过实践检验的有效方法。它能让你将时间和精力聚焦在发展团队日常工作的解决方案上。与其找出谁是该被责备的人来不停抱怨，或是制造一堆问题导向的分析报告，不如使用这里介绍的工具去引导具体的工作坊，帮助团队在混乱的情境下更好地工作。此外，那些单独的元素都可以灵活运用于团队的日常工作，比如提升团队会议的效率。

解决圈用于处理团队中的混乱情境

有了解决圈，你可以支持团队在复杂而紧张的情境中找到一条出路。这套方法包含八个元素，这些元素能够帮助你设计一个或几个工作坊去实现现实的目标。用途广泛的工具能让你成功地运用解决圈以化解冲突、处理不必要的紧张情境。

解决圈用于团队日常生活

作为团队领导或是项目经理，你会重复不断地面临各种问题，或大或小。经理们可以在多种不同的团队情境中使用这里描述的元素。这些工具帮助你以解决导向的方式去推进下列工作：描述项目的目标、在部门会议中应对提问、进行任职资格的会谈，或是阐述一项理由等。

此外，团队成员会发现，无论他们是参与其中，还是只做个旁观者，他们常常置身于或不太稳定或激烈动荡的各种情境。团队成员本身也可以作为一种"解决的媒介"发挥作用，取代问题而变成解决方案的一个部分。这里描述的工具会向你展示，如何通过询问简单的问句来为找出解决方案贡献力量。有时候，一个聚焦于解决方案的问句，若在恰到好处的时机问出来，它所产生的效果是非凡的。

解决圈的核心概念

我们常用于团队工作的那些方法，背后有这样的假设：详细分析问题是至关重要的。所以，团队中每一件与紧张情境有关的事情都要被摆到桌面上来。为处理紧张情境与提升合作而召开的工作坊开场时，你常常能听到参与者说他们愿意"公开谈论这些问题"，或其他类似的表达。看起来，我们有个根深蒂固的观念，那就是：在我们能够建设性地解决问题之前，有必要来一次彻底的大清洗。

变革管理的理论基础之一是，必须弄清"它是什么"与"它的目标是什么"这两者之间的差别。这么做很重要，因为只有如此，人们才能知道问题出在哪儿。一旦查出问题所在，就要分析：问题是从哪儿来的？是谁导致的？来源于什么缺陷？然后，分析的结果被呈现在公司所有人面前。如此一来，变革经理希望使所有人相信：真的存在大问题。他们想要让员工感到震惊乃至惊慌失措，以使员工们愿意去改变。

这种方式被证明是合情合理的，因为它在许多场合中都奏效了。然而，解决圈提出了另一种不同的做事方式。解决圈的核心思想是：

当立足于优势和力量时，变革会更持续、更有动力和活力，也会更有效地发生。

解决圈基于这样的洞见：相比那种对事情的问题状态进行缺陷导向分析的做法而言，共同探索潜力、阐明非凡的成就、建设性地为共同目标工作，会导向更快、更民主、更持久的变革。这就是为什么"明白问题到底是什么"或是"分析问题在我们的工作中扮演的角色"不那么重要的原因。使用解决圈是一种活跃的、积极的、解决方案导向的、资源导向的变革。

我们通常以两种方式看待事物。一种方式，我们将自己和他人看作是有瑕疵的生物，有缺陷和不足，根本上是不完美的、易于犯错的。然后，我们的注意力聚焦在团队中运转得不好的地方以及犯下的错误。你可能遇到过这样的情境：有些团队把公开批评每一个缺点变成了团队文化，有时做得太过，以至于他们无法积极地看待任何问题，无论这问题来自何方。人们发牢骚，自鸣得意，怨声载道。在茶歇时间、在走廊上、在开会前后，你会听到最新的、令人毛骨悚然的故事和抱怨。它们与持续的时间压力、稀缺的资源、难以忍受的工作条件和不好相处的同事有关。在这惹人烦恼的人世间，乐趣、创新、尝试的喜悦和行动的意愿统统遗失殆尽。

另一种方式，我们可以挖掘出我们自己、他人和团队的巨大的内在能量和资源——我们几乎无法测量的、涵盖多方面的潜力。

我们通常倾向于采用第一种方式看待事物。我们看得到问题却看不到不可思议的可能性。此外，我们倾向于不成比例地鼓吹消极的经历，因此，我们再也无法识别出所有构成我们能力的积极经历。我们就是这样限制了自己的机会！我们花费时间去哀叹过去，却不花费时间去积极地塑造未来。

解决圈构建在这样的基本假设之上：每个人、每个团队、每个组织都具有比他们通常意识到的要大得多的潜力。这个潜力曾经闪现过，至少在几个瞬间，有时甚至出现过一段时间。解决圈利用这些潜力来工作。当我们在解决圈中看向过去，我们不是在寻找错误和缺陷，而是在探究团队的能力，并且寻找那些成功的时刻。这种力量是我们为手头的问题建构解决方案的基石。

在冲突情境中，人们拥有惊人的能量，而这种能量通常没有被建设性地使用。许多团队开一个接一个的会议，讨论问题和事件的悲惨状况，列出一串缺点，然而却难以朝着目标迈出一步。在这种方式中有多少能量消散？有多少效率损失？领导和参与团队的技巧在于要聚焦于这些能量并用其来共同塑造未来。**团队不是需要被分析和解决的问题，而是等待被释放的潜能。**

混乱团队情境中的机会

对企业或组织而言，人们在一起工作、交流、交换意见的方式是它们成功的一个重要贡献因素。团队在这里扮演了关键角色，因此被置于显眼的位置，经常面临重要而高难度的任务。管理层对项目团队和部门的效率抱有很高的期待。在这样的压力下，领导一个团队不是一件容易的事。你不得不同时思考若干件事，除此之外，团队的动态还常常不可预测。团队里的动荡比你的预期要多，尤其是在忙乱时期。

生活**就是**变化。由于动态发展的、活跃的团队一直在变化，困难情境更像规律而不是例外。然而，对团队而言，回避冲突并没那么重要。重要的是，能够在日常团队工作中处理这些情况或是将它们视作团队发展的起点。在解决圈中，紧张和冲突被视作新发展的垫脚石。因此，解决圈并不仅仅是简单关于"管理冲突"或"解决问题"的。这种解决方案导向和资源导向的方法打开了利用团队的紧张状态来发展团队的可能性。混乱可被视作生活的积极信号。团队中的混乱情境总是能为整个团队迈向未来提供一个起点。

以下例子列举了解决圈可以发挥作用的一些情况：

» 团队愿意共同成长，接纳新成员，提升绩效。

» 团队中个体成员之间的矛盾在增加，使得团队成员间的交流变得异常困难。团队愿意发展新的合作文化。

» 管理委员会的九位成员愿意发展整合的领导力文化。他们对彼此的不同期待导致了紧张状态。

» 某IT项目团队经常面临同类问题。

» 保险公司希望解决销售队伍与管理部门之间的冲突，优化流程。

» 一家医院里的医生与护士的糟糕合作。

» 希望优化会议文化的教师团队。

我可以无限地列举下去，因为解决圈不是一个固定的方法，而是由不同的元素组合而成的。这些元素既可以单独使用，也可以以任何合适的顺序配置。在团队的日常工作生活中，有许多情境可以用解决圈以更朝气蓬勃、更高效的方式来处理。你可以把解决圈的元素用于团队会议、项目会议、客户会议，以及为获取可持续的解决方案而进行的复盘。这些情景的共性因素是，人们愿意齐心协力为自己创造一个更好的未来，而且愿意为了实现某事而努力，而不是想要逃避。

在混乱的团队情境中使用解决圈的好处是：

» 通过探索过去的成功经验，使团队获得对自身更积极的描述。出现"啊哈"时刻（顿悟）："噢，原来我们并没有我们想的那么糟糕！"

» 更清楚团队的潜能以及未来如何去运用它。对团队会变成什么样，有新的想象。基于团队的资源创造出新愿景。

» 创造信任，消除对尴尬、批评或评判的恐惧。

» 团队未来的目标和计划是基于团队的资源而制订的。团队成员更有信心，相信他们一致同意的措施能真正被实施，因为他们在过去已经体验过其中的要素。因而，他们实际实施一致同意的措施的可能性就提高了。

» 时间与精力都花在发展和实施解决方案上，这会节省时间。

» 基于个人优势去工作会使我们更强大。对参与者而言，这是非常鼓舞人心的。你会看到他们备受鼓舞，更加活跃，更享受其中。

» 通过聚焦于已有资源，团队认同感会增强。团队成员对工作会更满意，提升绩效的意愿也会更强。可常常被遗忘的是，环境可以促进个体和集体的学习。

» 同时更加清晰的是，不是所有事情都需要改变。许多运作良好的部分要保持，过去好的做法值得被识别出来并加以赞美。

"工作的绩效—学习—享受"三角模型

如果你正带领一个团队，你一定想要带得成功。每个人都想要成功，有时是明确地说出来，有时是含蓄地表达。然而，成功是有很多不同面的。问问你的员工，你会得到各式各样的答案：金钱、满足感、实现目标、完成项目、享受乐趣、提高声誉等。团队中的每个人都想要成功，但是我们很少大声说出我们对成功的理解。

从公司的角度来看，成功总是和公司的财务成功联系在一起。通过衡量团队对绩效的贡献来衡量他们的成功。财务成功是不容讨价还价的框架中的一部分。没有财务成功，好的团队工作无从谈起。团队就是为了完成指标或完成任务而存在的。

对解决圈而言，什么是"成功的团队工作"？团队的绩效只是其中的一个因素。蒂姆·加尔韦（Tim Gallwey）在他的《工作的内在游戏》（*The Inner Game of Work*）一书中描述了另外两个因素。"享受工作"与"在工作中学习"，两者都会对绩效产生影响，反之亦然。**不能在工作中学习、享受工作，绩效就会受损害。**然而，当绩效下降时，经理们会感觉到威胁，他们做出的反应是施加更多压力以获取更多结果。因此，在工作中学习和享受工作的机会愈加减少，由此带来的恶性循环阻碍了整个绩效发挥潜力。

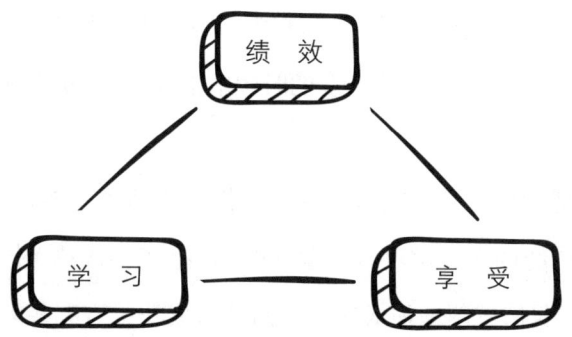

日常生活研讨会

从长远来看,只有当每一名团队成员都有机会在日常的工作中学习和发现新事物并且拓展他们的能力时,团队才会走向成功。过去,我们使用已有的知识和技能去达成盈利结果;今天,我们把工作视作一个过程,我们在其中实现结果的同时也发展我们自己的能力,以便在未来有能力达成更好的结果。如果团队利用每一个机会去学习和进步,最高绩效就有保证了。客户的需求、市场的情况、公司的战略或是竞争对手的产品都以难以置信的速度迅速变化着。团队只有在这样变化的环境中优雅而又充满活力地行动,才能达到必要的绩效水平。

日常生活提供了绝佳的学习机会:顾客教会我们如何销售,员工教会我们如何领导,同事教会我们如何合作。论及提供高要求且支持性的学习环境,没有哪个研讨会能像日常工作这样有效。"日常生活研讨会"的大门敞开,每个人都可以选择参与其中或是离开一会儿。这个研讨会耐心地等待我们回来,允许我们有选择的自由,无论我们是否察觉，思维敏捷或迟钝，想学习或不想学习。无论是对个体还是对团队而言，为了在快节奏的时代中生存，学习的意愿都是非常重要的。

这就是为什么学习在解决圈的工作中扮演了主要角色。但是，这可不是传统的学校学习。在学校里，消除错误常被当作最重要的事。相反，我们试图增加成功。我们分析成功中有哪些因素对当前的结果发挥了积极的作用。于是，这些新发现会接着被转化到当前的工作中，使我们更有可能在快速变化的情境中达成好的结果。不用理论也不用模型，而是利用团队成员个体对他们日常经验的反思来构成学习的中心。

享受工作

认为"工作是不可能有乐趣的（或至少是不太有趣的）"的想法似乎还挺常见的。有些人甚至说，如今，工作就等同于压力和疲惫。如果没有过度努力，你就没有足够严肃地对待工作。所以，如果人们有机会选择的话，很多人会选择休假而不是工作。休假的时候，生活是无忧无虑的、好玩的、无须负责任的；反之，工作被视作苦差事。

当我们工作时，会有一些感受：我们的感受在痛苦和愉悦中来回摇摆；我们感觉自己正处于绝对空虚和绝对充实之间。我们处于这个刻度尺上的某个点。问题是，我们到底在哪里，我们要去往何处？

绝大多数人从他们自身的经验里学到这一点：当他们喜欢工作时，他们会干得更好。"工作满意感"直接影响着绩效和学习。不可否认的是，享受工作并不总是那么容易：也许，一个个问题此起彼伏；我们信赖的人让我们失望；我们可能会有金钱损失；市场崩溃；公司的老板也许糟糕透顶。这些会剥夺我们工作满足感的事情，似乎能列出无穷无尽的清单。

能持续享受工作的另一个关键因素是：团队里的人际关系。如果团队之间的沟通是基于欣赏、诚实和信任的，这会对每一个团队成员的幸福感及绩效大有裨益。

绩效、学习和乐趣，这三个元素相互影响。当三个元素相互平衡、建设性地互为支持时，团队是成功的。然而，这种平衡不是静态的：在有人合作的地方，就会有问题和冲突。绩效、学习和乐趣这个三角可能会变得不平衡。这每天都可能发生，因此成了常事，而不是例外。对于一个成功的团队来说，问题在于我们能够多好地重建这种平衡。这就是解决圈能帮上忙的地方。

团队不是机器

带领团队意味着控制一个复杂的系统，确实不容易。公司、协会、团队、家庭——这些高度复杂的系统都有一个共同点：它们中的任何一个都不能被以线性的、单边的，或直线目标导向的方式来控制或影响。它们不像机器那样以可预见的方式运行，按下按钮就工作，坏了就送到店里维修一下。任何地方，只要有人参与，有人生活和工作，就有许多单个的元素彼此相互影响。我们的任何行动——不管是团队带领者的还是团队成员的——都是"盲目射击"。我们无法预见一个人对某一个提问、一个威胁或是一个请求的反应，如果我们问不同的人，每次得到的反应也是不同的。

索尼娅·瑞达兹（Sonja Radatz）在她的《没有建议的咨询》（*Beratung ohne Ratschlag*）中非常恰当地解释了这一点：

我们不论做或不做什么，都有后果，只是我们不知道后果是什么而已。例如，我们可以假定，宣布"明年我们的营业额必须翻番"会带来积极的改变。可怕的是，我们从来不会提前知道这个改变会是什么。我们是在和非凡的生物打交道……会思考、感受的人类。他们以任何想象得到的方式做出反应，并能够重新决定如何对生活中每个时刻做出反应和回应。(p. 42)

作为一名团队带领者，你可以影响一个团队：你可以提问、下达命令、传递信息等。但是你无法让某个人精确地以你想要的方式对你做出反应。不过，你可以做不少事以保证团队成员的反应朝着一个共同的方向。

创造合适的条件

管理者的中心任务之一是创建一个框架并创造条件，使员工能够以最佳状态工作。创建框架是不断进行的过程，没有哪个动作是一劳永逸的。重要的是持续不断地检查结果，查看是否靠近目标，改变条件，然后再次进行反思。

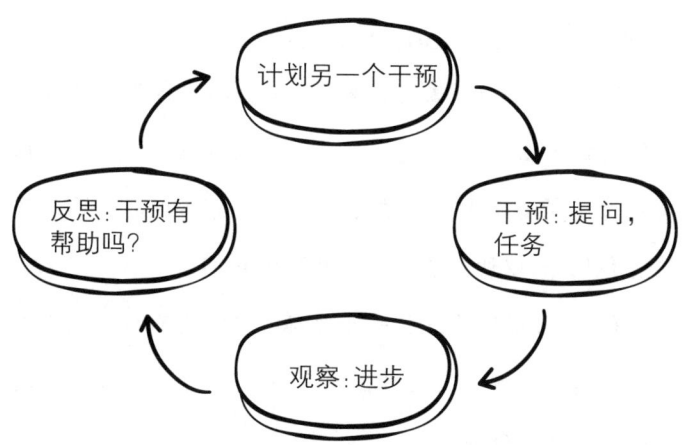

你做一点(干预),观察后果,并且反思其结果(什么有效)。根据这些结果,你再做一点。这是个持续不断的循环,并遵循着以下原则:

如果你做的事情创造了好的结果,那就多做这件事。

当你在日常工作中使用解决圈时,这个原则也同样适用。既然你无法按下一个按钮来改变你的团队,那么不断测试你的干预措施并检查它是否有用,就显得格外重要。这意味着你要多做能产出好结果的事情,并改变不管用的部分。使用解决圈来工作需要你个人的反思,反过来,这个反思过程能促进你的工作,因为从中你对自己的领导力才能有了更多的了解,你也会发现是哪种提问和陈述、哪种传递信息的方式帮你为团队的成功做出了有价值的贡献。

> **什么是解决圈（the SolutionCircle）？**
>
> 解决（solution）代表着清晰的、通往解决方案和资源的方向。使用解决圈，我们花费时间和精力去开发动态的、有力的、为特定情境量身定制的解决方案。我们旨在识别出已经存在的技能和优势，以便聚焦于它们并强化它们。
>
> 圈（circle）描述了这样一个循环，即持续不断地优化干预的运动。这些干预以实现目标为导向，包括提问、欣赏式的反馈、倾听、观察任务等。

由问句引领

作为管理者，如果你决定使用解决圈，你就需要利用一些在专业指导中使用的概念。你会发现并发展出一种教练式领导方式。这也是为什么我们把带领工作坊的人称为"教练"。教练会谈中最重要的工具是问句：用于开发解决方案和发展团队的那些提问。如果已经具备使用解决圈的条件，教练的主要任务就是务必使这些条件得以维持，保证参与者在既定目标的方向上尽可能高效地工作。

作为教练，你不是专家，你更像是个陪伴者，分享你的知识去帮助团队避免跑向错误的方向或是困在死胡同里。**教练具有带领工作坊的能力，团队参与者具有发展解决方案的能力。**

那些已经开始有意识地使用解决圈的不同层级的管理者报告说，这个角色不总是那么容易承担的。有时，他自己的想法会出来挡道。然而，他们也说，不必总是为所有人寻找解决方案令他们感到非常放松。他们的经验显示，这个方法帮助他们在混乱的情境中感到安全和沉着，他们只需专注于引导这个过程。此外，从长远来看，教练式领导方式帮助员工变得更加独立、更加负责任。

作为教练，你是一个专心的陪伴者，通过提出解决方案导向的问句使得发展新知识成为可能。你的团队因而能够探索新的可能性、开发创新性的方法并检测新的方法。所有的一切都需要持续着眼于你们想要一起达到的目标。只有员工们贡献他们的最佳经验和能力时，这些才会发生。他们不用接受命令而是被征询对解决方案的建议。这样的方式，会让他们对发展的过程更负责任。另外，**这也是你们如何发展出新的、量身定制的解决方案的途径。**解决方案被所有人拥有且认同，这点也非常重要。我们不需要任意一个解决方案，我们需要的是一个在**这个**情境下适用于**这个**团队的解决方案。如果所有参与者能一起努力，就能发展出量身定制的解决方案。

如果说这种方法有代价的话，代价就是你必须要有耐心，以及你的员工的发展在某种程度上不需要你的知识参与。尽管如此，这仍是一个全面发展的机会。

有些管理者担心他会不得不首先专注于提问题，从而放弃发展解决方案的部分责任，他们害怕变得多余或是失去权力和尊重。管理者通常假定公司和员工们一样期待着他们设计并规定解决方案。在这点上有两个重要的事实：

> 这里描述的引导会议的方法是一种额外的技能，你可以像使用

其他任何一种领导力工具那样使用它，但是，它不会取代你作为领导需要完成的其他任务。你需要继续制定目标、定义框架、传达你的专业知识，并提升团队成员的专业技能。有时，你仍需要去掌控局面、为团队做决定。最后但也同样重要的是，你不可避免地还是需要给出一些令人不愉快的指令和命令。然而，你会在这里发现各种各样的工具，作为对你的领导力技能的有益补充，这些工具已经被证明在很多情境下非常有用且高效。

有些管理者告诉我，他们不敢使用教练式领导力，因为他们担心员工不再承认他们的专业技能和知识，那会使他们失去权威性。如果你能想办法把教练式领导力打造成核心能力之一，这种害怕就能得以中和。将领导力范围缩小至询问解决导向的问句和引导整个过程是一个非凡的领导力技术，是你着眼于长期培养团队的责任感、创造团队的可持续发展时，用得上的一种领导力技术。

把问题留在原地

把问题留在其产生的地方是很重要的。管理者的处境非常危险，尤其是当其感到对各种问题负有责任，但问题其实是属于团队或团队成员的时候。作为使用解决圈的教练，你的任务很清晰。你通过向所有参与者贡献解决导向的提问来支持这个过程。因此，你对过程负责而不用对问题负责。你从必须为解决问题贡献出新主意的任务中解放出来。此外，解决方案的荣耀归于你的团队，事实上是他们找到了解决方案。你用这种方法增强了员工的信心和自我认知。

使用解决圈工作时，作为管理者你需要往后退一步。这样，你的员工才能贡献他们的技能和知识去发展定制化的解决方案。重要的是，要鼓励他们形成个人的评价和想法。最后，同样重要的是，他们开始承担起企业家的责任，这难道不是你作为一名团队领导或部门经理所希望的吗？

2. 四项基本原则
Four Basic Principles

"讨论问题会造成问题。讨论解决方案会创造解决方案。"
——史蒂夫·德·沙泽尔

一个 IT 团队里的危机

安娜在一个电信公司的小 IT 支持部门做经理。她感到无助又不知如何是好。她感觉近几周来团队里的事情进展得不太顺利，最终在上次团队会议中，冲突爆发了。当她向大家介绍她打算提交给上级管理层的新战略时，讨论变得白热化。有的团队成员宁愿早点开始参与这项战略工作，因为他们在某些核心方面有着根本不同的看法。另外一些成员则认为他们被分派了无聊的工作，而这些工作不会给未来带来任何改变。有两名团队成员很明显相处不愉快，有段时间互不搭理。在这次会议上，他们在细枝末节上争论起来。安娜知道，她的八名团队成员处于压力之中，此外一个组织重组的计划也制造了不安，因为谁也不知道会不会裁员。因此，在过去的这几个星期里，员工的不满在增加。他们的内部客户也注意到了这个情况，在他们交付的好几项工作里检查出了错误。

安娜很高兴自己能在会上保持冷静,并且提议花一个上午的时间一起来处理内部的紧张状态。这个提议很快就得到了响应,因为每个人都希望朝着更好的方向改变。

由于团队已经累积了许多紧张压力,这对部门经理来说可不是个简单的任务。而且,现在需要处理哪个话题呢?是合作?是团队绩效?还是应对最近组织重组的新战略?通常在团队里,我们并没有一个清晰、明确的问题,而是有各种各样相互影响的问题。我们如何处理团队成员间的互动,避免团队在一片混乱中分崩离析?安娜决定亲自带领这个工作坊。如果后期有需要,她可以请外部教练或咨询顾问。

工作坊之第一部分

简短介绍议程之后,安娜这样为工作坊开场:

"我想用一个小练习来开始。我注意到这个练习要求很高,需要大量想象力。我的经验告诉我,我们可以应对新情况,并充满想象力地去把握好它们。你们觉得怎么样?虽然这一开始看起来有点不同寻常,你们愿意做这个练习吗?"

团队同意后,她继续说:

"请回答下面这些问题并且把回答记录在白板纸上。

"如果我们的团队能够很好地解决手头的问题和冲突,然后成为一个'超级团队',两年后这个团队看起来是怎样的?

"—— 你们会注意到什么,让你知道团队里一切都运作顺畅?

"—— 我们的同事和客户会怎么说我们?

"—— 我们每个人会做哪些与现在不同的事?

"在 1 到 10 分的刻度尺上，你对于投入精力和时间去朝着"超级团队"迈出第一步的动力有多大？"

团队成员对这个任务感到有些意外，因为他们本来是期待有大把时间去抱怨的。然而，他们很快克服了最初的不情愿，开始描述他们对未来的想法。

不到一个小时，他们能够告诉彼此自己想要的未来；他们谈到了保留团队里的每一个人；他们会重新获得乐趣和笑容；他们会清晰地梳理服务，完善流程；他们就如何引导团队日常会议提出了明确的想法，还讨论了一种新的会议表格。

他们对未来的想法相当实际而且以能以实施为目的。

聚焦于建构解决之道

安娜敢于去做需要勇气的事，没有对问题进行详细分析，只是问每个人都满意的情况看起来会是什么样。用这样的方式，她带领团队直接到达解决方案层面。这为我们带来了解决圈的四大基本原则之一：

我们把可用的精力和时间完全用在探索解决方案上。

我们直接跳跃到解决方案层面，并致力于发展解决方案的具体画面，而不是试图找到更多的问题和困难。

从问题层面到解决方案层面

在解决方案层面，我们讨论每个人想要的未来。整个团队创造了一个新的现实，这个现实是如此引人入胜，释放了他们的能量。通过交流想要怎样的未来，团队创造了聚焦的、建设性的氛围。描述在未来可观察到的行为，让目标变得具体形象，仿佛触手可及。至关重要的是，尽可能多地发现与以下两者有关的细节信息：未来成功的行为看起来是怎样的，这些行为对其他人有什么影响。

也许你已经认识到，我们越多地谈论冲突，冲突就越大、越复杂。解决方案也同样如此：我们越多地去发现解决方案，就越清晰地意识到，如果问题解决了生活会是怎样，我们达到这种生活状态的渴望也就越强烈。仅仅是一起期待一个更好的情境，想象一个具体的、我们乐意工作和生活于其中的未来，就能释放出能量，让团队为之持续不断地努力。

未来是可以创造出来的。每个人都在用自己的行为塑造着未来。或者，正如焦点解决流派创始人之一茵素·金·伯格说的那样："未来并不是过去事件的奴隶。每个团队、每个人都可以找到有用的步骤，让更令人满意的生活尽可能实现。"

在这里，这个部门经理采取的步骤在解决圈里被称作"未来的理

想状态"（Future Perfect）*。只有当一个团队有了清晰的画面，知道想要的改变应该是在什么方向，它才能开始迈出第一步。因此，花大量时间去发掘在越过问题之后未来的理想状态应该是什么样子，这样的做法是相当明智的。

语言创造现实

我们对现实的感知受语言的塑造和影响。在每家公司、每个团队里，人们不断地在创造一个关于组织的图像，描述它过去是什么样，现在是什么样，未来可能会是什么样。自然而然地，组织的每名成员对此都有他自己的看法。然而，会有一个图像是大多数人达成共识的，并且在他们的故事里日复一日地被提及。人们不断地讲故事——在自助餐厅里，在走廊上，在电子邮件里，在开会前后。这些故事或长或短，有时只是一句玩笑话或一个关键短语。讲故事是一种建构现实，并对我们的经历赋予意义的方法。

团队的大部分故事表现了团队成员的感知。它们并不是现实而是滤镜，我们透过它们观察现实。人们在组织中讲的故事可能会激励也可能会污染团队氛围。我们的个人经验让我们知道：我们喜欢放任自己讲负面的或"酸的"故事，对这些故事进行放大、渲染、添枝加叶。尤其在团队里，这种名副其实的"恐怖故事"非常之多。然而，如果负面的故事占据主导地位，我们会感觉这个组织或团队就像一个大垃圾堆，从而不再能看到已有的资源和潜能。

---

* 我第一次接触到这个词是在杰克逊（Jackson）和麦克高（McKergow）（2002）的书里。

这样做的糟糕之处在于我们进入了自己所描绘的图像中。我们成为自己所讲述的故事中的一员，被我们关注的方面愈加放大。这样的例子不胜枚举。世界闻名的音乐片《窈窕淑女》（*My Fair Lady*）改编自萧伯纳（G.B. Shaw）的《皮格马利翁》（*Pygmalion*）。这一原著就是"皮格马利翁效应"（the Pygmalion effect）这一说法的来源。有几项研究显示，学生的成绩完全与老师对他们的期望一致。老师的期待通过潜意识传达给学生，并塑造了他们的自我意象，然后他们就变成了意象中的那个样子。历史学家们发现，伟大的文明总是在他们创造出关于自己和未来的积极意象时开始兴旺繁盛。当这个意象失去力量时，这些文明便开始衰落。

一个活跃的、成功的团队具有积极的、动态的自我意象。一个消极的自我意象几乎使得每一步发展都不再可能。这就是为什么我们作为领导者，必须在会谈中为团队打造一个关于团队未来的强有力的意象，来为团队的发展做出贡献。

团队领导者可以为解决导向的会谈贡献许多，尤其是通过领导团队会议的方式。在塑造未来时，主导会议或会谈的方式会影响会议的效率和效用。帮助发现并确定团队成员乐意采用哪种团队工作类型，学习、绩效和享受之间怎样平衡对团队更重要，哪种行动让团队更接近想要的目标，这样的会议比其他方式的会议更有用。

团队成员坐在一起交流前景很好的想法，就是团队塑造未来的开始。框架会被仔细检查，新的图像会被共同创造出来。在交流中，团队会产出关于未来的故事，并展现它可以被如何创造出来。当然，个体的建议也需要被检验，要对照环境条件来评价，看看其实施的可能性。未来的理想状态不是用来发展不现实的、乌托邦式的目标的。而且，在未来的理想状态中，我们创造空间，做不同的设想。这样一来，团队成员就有机会去主动创造他们乐意归属的一种未来。

发现解决方案而不是解决问题

管理者如何在团队中激起更多有帮助的会谈呢？他们能做的事情之一，是聚焦于"发现解决方案"而非"解决问题"。乍一看，这并不是一个很有意义的区分：用发现解决方案代替解决问题。然而，在日常生活中，这就是带来差别的地方！当事情出错或不起作用时，我们通常会问：

» 为什么没有如预期那样完成呢？

» 是什么导致了失败？

» 我们做错了什么？

使用"解决圈"来工作，我们聚集于未来——因为未来可以由我们自己来塑造！

» 它应该是怎样的？

» 此情境下最大胆的想法会是什么？

» 要实现这个，我们需要什么？

许多人习惯分析问题然后根据诊断来解决问题。解决圈利用这个时间尽可能多地去发现关于目标的信息和找到解决方案的方法。不问有关过去的问句,我们引导会谈产生一个细节化的图像:目标看起来会是怎样的。

不问有关过去的问句	而问塑造未来的问句
问题是怎么出现的?	为了成功解决这个问题,你需要些什么?
谁导致了这个问题?	当奇迹发生了,你所有的问题都令人满意地得以解决了,那时会有什么不一样?
他为什么那样做?	未来他可以表现得有什么不同?
这件事最坏的一面是什么?	未来到底会有什么不同?
为什么?	什么行为会向其他人表明你已经达到了你的目标?

在管理者的日常生活中,从处理问题转变为发展解决方案,这样的视角的转变,会有很大的效果,还能打破僵局。

一位儿童特殊教育学校的校长曾告诉我一个难忘的例子,证明建构解决方案的问句在正常的领导力情境中能够达到什么效果。他参加了为期两天的解决导向的领导力工作坊,带着要尝试这个新观念和模式的任务回到家。三周后,这组学员重聚于反思学习日。这位校长告诉了我们他在工作中的一个重要成就。

一年多以来,作为校长的他和他的教师团队一直面临开团队周会的困难。在那个时候,他们每周要开两个半小时的教学会议,另外半天必须参加组织会议。总而言之，他们每周要开至少三个半小时的会议！除了要投入时间，他们对结果也不满意，因为他们没有足够的时间去谈论议程上的所有话题。即便会议常常比预期的时间还要长，也不是每件对个体成员而言重要的事情都能被讨论到。相反，团队成员感觉，他们总是处于持续的时间压力之下，并且为此指责会议主持。他们已经尝试倡议了几次来处理这种令人不满的状态，也寻找并相互讨论了背后的原因。

校长现在正在思考他可以如何用聚焦于解决方案的方法去着手处理这个问题。

在下一次会议快结束时，他分发了写有三个问题的小纸片，每位教师都需要回答这三个问题：

问题一，如果你可以设计一场你愿意主动参加的会议，那场会议会是什么样的？

问题二，你在会上会有何不同？

问题三，在最近的几次会议上，你想象的那种场景是否出现过一丁点儿？具体是什么情况？

校长评估了这次问卷调查，并根据这些回答设计了一个会议结构。这样，他们可以在两个半小时内既处理教学话题，又处理组织话题。

他这样解释道："我不是十分确定，但是我想，通过询问一个想要的未来，可以让每个人都去思考一个新的参考框架，放弃旧的、无用的框架。我们能够以发展新的想法来代替责备和指出问题。在以前试图解决问题的尝试中，我们在问题层面开始工作。我们问'什么出错了，为什么出错'。结果出现了奇怪的'问题螺旋'，把我们往下拖，深深地、深深地拖进问题里。这样的会谈通常以相互指责而告终。所有人都感到无助，这种无助感又使我们的问题变得更严重。"

问题层面

当在问题层面上工作时，我们处理缺陷，寻找罪因，找到为什么这个或那个不能实施的原因。老板们或别的部门——通常是其他人——是使我感觉不好、让我无法如愿地成功完成工作的原因。团队会浪费大把的时间和精力去助长成员们各自的不满，不仅在团队会议上，而且在茶歇时间的谈话里。有时候，受到这种不幸情境的支配，你会感到无助。尤其在冲突情境中，你会遇到一个"问题螺旋"，它真的会把一个团队越来越深地拖进深坑里，直到几乎没有任何改善的希望。

令人吃惊的是，团队有时候会通过聚焦于问题从而建构一个对自我身份的错误看法。不管怎么样，这个团队的观点是，如果环境如此的不适合，公司没有设计良好的战略，也不会为员工的满意度做任何事情，区分外在（不适合）和内在（我们在这种情况下可以产出好的结果是让人诧异的）是很容易的。这种观点导致团队成为一个宿命论的群体。从悲惨情境中建立身份的团队，通常缺乏力量去引发改变，也无力去积极地将未来把握在自己手中。如果遇到这样的情况，我们不得不建立一个非常强大的、关于未来的图像或愿景，其中包含了当下团队成员为了让改变变得可能所珍视的一切。

忽略分析问题

在解决圈中，清楚地知道问题是什么，对于产出具体的解决方案只发挥非常细微的作用。我们确信，基于具体的目标愿景及团队的资源所得到的解决方案，实施起来要比基于分析错误和缺陷所得到的解决方案，更为有效。

在处理冲突时，谈论问题对团队来说是重要的。然而，关键不是分析问题，而是让团队成员有机会表达自己的观点。这种会谈对发展解决方案有一些帮助，因为每名团队成员都需要谈论问题以保持和问题之间的距离。为了让谈论解决方案成为可能，这样的谈话有时候是必要的。有时，也有必要让员工发泄失望、委屈、伤心，以便释放他们对变革过程的想法和感受。那时，谈论问题就是有帮助的。因此，带着尊重、欣赏、重视的态度对待他们对问题的描述，是非常重要的。在任何情况下，都不应该给问题贴上"不重要"的标签，也不应该用反对的态度和方式去谈论问题。

以成功为构建的基础

一个 IT 团队里的危机

工作坊之第二部分

工作坊的第二步，这位部门经理要求每一名团队成员在一个 1 分至 10 分的刻度尺上给自己的现状打分。10 分代表想要的未来，1 分是完全相反的情况。他们认为现在在 2 分到 5 分之间。安娜对 2

分或 5 分到 10 分之间的差距没有表现出太大的兴趣，而是聚焦于什么已经起效了。她问："我们做了什么让我们得到 2 分（或 5 分）？我们的分数可以更低，但是你们说我们已经有 2 分（或 5 分）了，那么，我们已经做得不错的是什么呢？"

解决方案出现的先兆

这位经理引入了刻度尺元素。这个工具能让我们发现什么已经起作用了。这是解决圈的第二大基本原则：不把自己导向出错的部分。我们不分析昨天和明天之间的差距，而是寻找每一个细节，辨认出隐约闪现的未来。这些迹象提供了非常有用的线索，告诉我们能够如何在变革过程中前进。通过询问"在过去的几个月里，是否有一些问题或冲突不存在，或者是问题或冲突不那么激烈的亮点时刻？"，我们揭示并照亮了一些可能成功的做法。此外，确实有些事被做到了，并且引起了变革，我们对此的信心也增加了。我们展示了至少在过去这已经发生过一次。

如果我们回到解决圈中，看向过去，我们试图发现我们期待的未来状态已经显露的情境。我们反思我们做了什么，找出这是哪些个人特质或行为带来的结果。聚焦在问题的例外情境上，通常能揭示明显的（部分）解决方案。

在这个 IT 团队的工作坊里，一名团队成员抱怨他的同事们不把他当回事，以致他不愿与其中的一个同事接触。另外，他在项目会议上的贡献也通常被忽略。因此，理想的未来是 10 分，这名成员在刻度尺上打了 2 分。当经理问到，是否在某个情境里他和同事们有真实的交流时——在解决圈里我们把这些伟大的时刻称为"亮点"（highlights）——他提到了一些非正式的谈话，在这些谈话里他感觉受到了重视。此时非常重要的是去仔细端详这个亮点，聚焦在解决方案上："在这些非正式的谈话里，到底有什么不一样的地方？你在这些非正式的谈话里的行为表现是怎样的？你具体说了些什么？"这些发现能够提供信息，告诉我们如何把这个成功的行为转化到普通的会议文化里。

资源导向的力量

我们总是能从不同的角度去看待过去。如果你让二十个人去分析一个团队（或者一个组织），不给他们任何进一步的指导，他们可能拿回来一张主要描述问题的长长的清单。找问题看来几乎是自动机制，深深地扎根于经典的组织和团队发展之中。咨询顾问们通过引导各种各样的工作坊，访谈或观察得出诊断结果，这些诊断结果被提交给有关人员。这些问题被贴上"新的机会"的标签，但是绝大部分时间里，它们仍会导致参与者的抗拒。人们说："事实上，事情并没有那么糟糕。"就在这时，你可以看见变革进程的反对者形成了。如果你以问题导向的方式去推进，非常容易激起参与者的防备。他们开始试图为这悲惨的情境找到罪魁祸首，相互责备、推诿。

改进问题的需要常常被高估了。在战略发展过程中，分析优势和劣势是标准流程，即便是在这样的情况下，了解一个人相较于竞争对手的弱势，其实也没有那么重要。更为重要的是，了解一个人的独特之处并找到机会利用它。如果你了解这些因素，无须详尽了解自己的弱点，你也会找到正确的方向。

对付弱点让我们更弱，了解强项使我们更强，这就是为什么在解决圈里我们对已经起效的部分感兴趣。我们在寻找偶发事件、亮点，或大或小的成功就隐藏在其中。谁具体做了什么？这个情境有什么不同？解决圈想要揭示什么在以前已经有效果了。我们从这些发现中学习，并且把它们作为发展的基础。

我们基于团队的成功而非缺陷，去建构改变的过程。

在团队工作中，当团队成员意识到这个工作坊不是谈论问题、弱点，或谁该被责备，而是谈论过去进展得好的地方并从中学习时，我们常常看到令人着迷的事情发生。他们紧张的面部肌肉放松下来，眼神里充满生机，你突然感觉到房间里升起新的能量。你会注意到，这是一种很不一样的工作方式。虽然在一开始会有些困难，但一旦付出努力，你就会获得热烈的讨论、干劲和动力，而不是兴趣的缺乏以及三心二意。

如果无效，就做点不一样的

这是以成功为建构的基础原则的第二点。然而，清晰、不含糊、合情合理与要在日常工作生活中实施还是有距离的。我经常碰到相反的情况：即便某件事没起作用，人们还要尝试用一模一样的方法和措施去谋取成功。他们"多做同样的事"：他们更加用功、更加努力，甚至用力过度。有一位部门经理向我讲述他试图进行"时间管理"好多年。由于他总是忙得不可开交，持续地过度劳累，任务完不成，他去参加了好几个不同的讲座，并且尝试了各种不同的时间管理系统。他把他的任务结构化，按重要和紧急程度分成 A 类、B 类、C 类等，但待做任务仍没有少下去。有时，这个问题甚至还被他带到梦里。这样的后果是，他断定自己还是无法控制时间。他花更多的时间来计划、起草更精确的计划，然后一丝不苟地填满他的"待做"清单。但是，他越是把注意力集中在需要去做的事情上，越是难以按时、保质地完成它们，让自己满意。他不断地努力发挥自己的意志力，结果变得愈加绝望。

这位经理试图用"多做同样的事"的方式来解决他的问题，强化同样的战略，跟进这个战略，就好像在遵循一句箴言："如果开始时没有成功，尝试，尝试，再尝试！"

有时，问题解决方案本身会成为一个问题——一个我们需要去打破的恶性循环。经验显示，有时能够通过尝试使用看似矛盾的解决方案来打破恶性循环。打破循环的这些尝试似乎是荒谬的、意想不到的或不合逻辑的。它们本质上常常是令人惊讶的。

比如，对上述经理有帮助的是每周三天提早半小时下班回家。他想要用这半小时去做一些跟工作无关的事。多数时间里，他仅仅是打理他的花园。有时，他会出去喝一杯，或者安静地看看报纸。这半小时慢慢地变成了某种"神圣的时间"，对他来说是如此珍贵，他要保护它不受那些没完成的工作的侵犯。他不再去参加时间管理的讲座，但是他开始拒绝一些以前他会接受的任务。他开始提早结束会议，以便能早点下班。他仍然非常细致地安排他的时间，但他还有另一个目标：他要维护他那"神圣的半小时"！

为了打破困境，我们通常不得不去做点非常不同的事，不得不离开我们惯常走的那条路。然而，我们仍有必要去仔细区分那些有用的干预措施与把我们带入另一条死胡同的干预措施。

有时，我仍会掉入陷阱，建立起自己的恶性循环。解决方案没用，但我还试图花更多精力和热情去达到我的目标，而不是去改变干预的手段。

例如，我曾经带领一个项目团队，在一个等级森严的公司里制定关键变革的计划，目的是实现与客户的紧密接触以及提升员工的综合素质。在第二次工作坊结束时，需要完成几件事：准备白板纸、安排下一次会议等等。当我想要分派任务时，一片沉默。那一刻，没人有时间去做这些。最后，我留下来做所有的一切。后来我想，大概是我没有阐明每一项工作，没有恰当地指出每个人都有责任贡献力量。在下一次会议上，作为弥补措施，我解释了相应的责任，但没什么用。我越是施加压力，越是强调规矩和项目合约，团队成员就越是消极。有一次，我甚至要经理对整个项目负责，要他去和团队成员谈话，以帮助他们意识到项目团队成员也必须承担起他们的担子。然而，这也是"多做同样的事"：责备和压力没有任何帮助，不管它们是什么形式。

这个困境的解决方案还真是出人意料。有一次，我需要临时缺席会议，所以让别人替我引导会议。我为不能参加会议还感觉挺糟糕的，因为我是项目领导者。虽然，一开始，我的缺席让项目团队在处理新情况时有点无助，但是结局却非常具有创造性。他们开发了一个全新的质保模型，并在下一次会议上向我做了演示。我为团队的投入感到极为激动，问他们这是怎么突然变为可能的。最后，我把这完全归结为他们感到对会议负有责任，他们可以自己选择工作的方式，可以自由选择涉及议程上的哪些要点，可以专注于对他们来说真正重要的话题。我们尝试把这些整合进后来的会议，从那以后，团队的干劲和投入度有了显而易见的提升。通常，你行为上的小小改变会在系统里引发巨大的改变。

照亮资源

传统的与团队一起工作的方式有一个预设，认为发生危机和问题是因为部门或团队缺乏应对情境的能力。团队缺少某种能力或不够灵活。**用解决圈工作时，我们假定掌控这动荡情境所需的所有技能都已经存在于团队中。**作为一名教练，你的任务是去支持团队（重新）发掘这些被遗忘了的资源。你创造一个框架，在其中这些已有资源能够清晰地显现。在此背景下，我们所说的资源是指能够用来发展出解决方案的每一种工具和每一项技能。承诺、动机、对公司的忠诚度、友善或经历都可以成为资源，就像时间、金钱、沟通方式、专业技能这些可见的工具一样。甚至那些乍看之下是负面的东西，也能被积极地用来发展解决方案。比如，固执可以表明有精力捍卫自己的观点；客户的抱怨可以被视作有特别的服务需求或是改进产品的契机。

识别出这些资源并且意识到它们对实现你的目标的价值，这并不容易。像那位 IT 经理一样使用刻度尺，在这里会非常有帮助。使用简单的问句，比如"你贡献了什么帮助我们达到了 2 分？"或"你的什么能力帮助你能以这样的方式做出反应？"来使资源可视化。在个人资源的基础上，变革过程能实施得更为有效，因为你用这种方式增强了信心。通过照亮已有的资源，团队成员得以主动地确信他们的优势。这并不是掩盖缺陷，而是照亮已存在的资源和优势并利用它们来开发解决方案。

不断把注意力集中于已有资源的好处是：

» 无论团队内的动荡多么难以驾驭，每名团队成员都具有可以系统化的优势能用于改善团队工作。在我们的经验中，相较于目标为减少问题的变革，基于现存优势的变革更容易实施。

» 通过谈论彼此的优势，参与者的动机被增强。

» 在所有人参加的会谈里，发现和命名资源最容易完成。教练不知道什么最能帮助参与者发现一个合适的解决方案，但是参与者能够发现他们自己可以实施的定制化解决方案。

» 此外，照亮资源使会议引导者更容易克服诱惑，不再去评判或批评遇到困难的团队或团队成员。事实上，它引发了一种态度，即发现参与者是如何在困难情境下掌控他们的工作的。

一位研发部门的经理曾经向我预约了一次外部团队教练。他一年前接手这个团队，他的领导方式不断地受到批评。人力资源部也已经找过他，小心翼翼地询问他是否有兴趣参加进一步的领导力培训。他的团队成员们习惯了在高压下快速取得成果，也习惯了为新产品发起并实施新的项目。他们感觉这位新经理没有很好地向高层宣传他们的进展，导致预算被缩减，因而产品开发被迫中断。另外，由于他不做决策或决策太慢，项目被延误。

在第一次工作坊中寻找资源时，我们有了一些有趣的发现。经理被视为有很强的专业能力、谨慎的规划、注重细节的工作方式。另外，他被描述为一丝不苟的、有辨别力的、诚实的、总是致力于交付高质量的工作的、化解一切危机的。团队成员以不同的视角看到了自己的资源。他们看到了自己有时候行动太快（其他人经常惊讶于这个部门怎么这么快就取得成果），而且他们为百分之八十的解决方案感到高兴。他们经常不用先写个概念，或先做个扎实的研究，就能想出一个解决方案。他们也很健谈，有能力激发别人对他们的想法的热情。有时，他们在项目中能超越自我。

在工作坊的过程中，当团队清晰地认识到我们握有一系列非常不同的资源时，团队的一大部分混乱就被解决了。这些不同可能导致冲突，但是它们也可以很好地彼此弥补。没有人故意要做错事，此刻也没有人需要额外提升任何的能力。这只是一个有关共同规划如何利用好他们的不同资源以发挥最大效用的问题。是否应该有一名团队成员陪同经理去做演示？经理一丝不苟的思维和细致入微的规划如何被整合到产品开发中？

带着这些问题，大家的关注点变成了团队的发展，不再是相互指责和对彼此的失望。一段时间后，经理就通知人力资源部他此刻不需要参加任何领导力培训了。

一个 IT 团队里的危机

工作坊之第三部分

在第一天早上结束时，团队探索了朝着 10 分迈进一小步的可能性。他们并不要求巨大的飞跃，而是寻找在日常生活中的细微的行动。

目标不是要讨论出一个具体的行动计划，而是要讨论行动的不同可能性，以及这些可能性会带来什么结果。

讨论过后，安娜决定给工作坊的参与者们布置一个观察任务，有点像家庭作业。

"每个人都可以在日常工作中自由地尝试一项可能的新行为。每名团队成员可以执行，也可以不执行。但是有一项任务我想布置给各位：我们三周以后重新集合。在未来的三周里找三天时间，在这三天里你要仔细观察，看看你能否找到我们未来想要达到的'超级团队'状态的细小可见的迹象或先兆。也许存在一些，但小而不显眼，也许没有。在每一个观察日结束的时候把这些迹象记录下来。当然，我也会这么做。在下次工作坊中，我们会交流我们的观察结果。除此之外，下一次我们要决定未来我们到底要采取什么样的措施。"

团队经理的总结发言乍一看似乎非常开放又不是很具体。仅仅观察怎么能够真正地有所改变呢？观察如何对过程产生积极的影响呢？如何仅仅通过观察来引发变革呢？

安娜布置这项任务的时候是怎么想的？

"在和我的团队工作的时候，我意识到每个成员对问题的看法都不同。有些因我所说的事情感到恼怒，有些却根本不在乎。我再一次在心里确认，冲突确实发生在人们的头脑里。客观地讲，我的意思是，并没有真正的问题，问题只对某些人存在而对其他人不存在。危机由团队成员个体建构出来，并非故意或恶意，因他们个人的感知不同而产生。

"我想知道这项观察任务是否能够帮助他们转变意识的焦点。我希望通过仅仅聚焦于我让他们关注的部分，能够让他们找到改变的迹象。如果我们聚焦于所有负面的事情，我们会发现更多的负面事件，所以反过来应该也是同样的道理。"

安娜继续说："我对下一次会议感到既兴奋又紧张。在干预的过程中，我注意到团队成员彼此之间有所保留又小心翼翼。我自己对此的假设是，我作为女性领导着一个IT团队。我推测我的团队成员们认为我的能力不足以领导他们。第二次会议上亮点出现了。我们需要整整一个小时的时间来分享彼此在一天天的工作中发现的那些团队未来的先兆。有些人记录下发生了什么，另一些人分享了直觉感受。每一句话都像是对他人的小小赞美，虽然大多数时间里并不是直接的、正式的赞美，但是每个人都听到了别人是如何真心实意地感激他们做的每一件小事。我被告知，我给出的两条专业建议对一个程序迁移项目很有帮助。显然，我的能力也得到了认可。

"关注点彻底地改变了。我们能够改变我们的参考框架，用不一样的眼光去看待我们的工作。甚至我们的问题并没有完全解决——没那么简单——我们用一些积极的迹象去平衡了问题。这释放出来的能量被用来实施我们在第二次工作坊中达成共识的那些措施。我们非常有信心能实现它。每个人都知道我们在过去已经做过类似的事。非常清晰的是，我们能够一起完成！"

发现新视角

团队经理给她的IT团队的任务引出了解决圈的第四条基本原

则：通过将意识聚焦在某件事上，你可以发现新的视角并启动所有参与者的学习流程。你可以增加团队的选择，并使团队变得更为灵活。当团队领导意识到这一点，在某些情境下，她的专业能力就会得到认可，她对情况的看法也会改变。除了能减轻带团队的压力，她也收获了更多在未来表达自己想法的自信心。

把意识聚焦在一个点上，就好像把一束光照射到我们想要专注的目标上。我们可以看得更清楚，也许还可以更加理解它。如果选择广角，我们可以看到全貌；如果缩小焦点，我们可以看到树上的一片叶子。我们对情境的理解范围取决于我们给予了一些重要方面及它们之间的关系多少关注。如果我们的范围太窄，比如我们成了"井底之蛙"或是以非黑即白的方式看待事物，我们就限制了自己的灵活性，容易判断失误。

我们聚焦于什么也取决于我们的经验和愿望。如果有人情绪不好，他或她毫无疑问可以找到许多理由来生气。无论你如何努力，你都无法让这个人感觉良好。如果秘书觉得上级不接纳她，她会每天找到迹象证明她的观点，连休息时无害的会谈都可以证实她的猜疑。秘书关注很小的细节，并且分析老板的每一句话，以便找到能证实她的猜想的迹象。但是，作为人类，我们可以有意识地决定关注什么。我们有选择权。我们的每一个选择都确定了可以决定我们后续行动的首要事项。每一个人都能够选择有意识地聚焦于某个方面，或者可以让瞬间的情绪或无意识的欲望去选择该关注什么。许多人在学校读书时就懂得了这个道理：全神贯注和专心致志才能学好新的功课。我们可以学习物理、化学、拉丁文或是法语。在全神贯注时，我们是机警的、有目的的、专注于当下的。学会一种陌生语言的单词或抽象的公式是有可能的。这个事实包含了一个非常重要的、有关于团队发展的认识。如学习一样，团队正是朝着其注意力聚焦的方向发展的。

那位秘书可以选择有意识地关注她和上级合作中的其他方面，比如他表达欣赏的方式，他一周内说"谢谢你"的频率，或者她如何惹他发笑。

通过改变意识的聚焦点，我们能够获得新的洞察，并能看到部分全新的风景。

当与团队一起工作，你可以使用观察任务，使每一个团队成员都能在一个议题上有新的视角，并且开始用新的模式去思考。这会带来新的机会和选择。

四项基本原则

聚焦于解决方案	谈论解决方案而不是谈论问题。
在成功的基础上建构	如果有效，就多做一点。
照亮资源	询问并发现能力和技能。
发现新视角	改变你意识的聚焦点。

3. 有用的态度
Helpful Attitudes

"不存在理解。只有或多或少有用的误解。"

——史蒂夫·德·沙泽尔

一个普通厨师和优秀厨师的区别在哪呢？就算他们准备的是同样的菜谱，使用的是完全一样的配方，你还是能够探查出一丝不同。当然，这跟经验有关，但是真正起决定作用的是厨师自己的态度！优秀的厨师在采购的时候会仔细地挑选蔬菜，然后从花园里采摘新鲜的香料。他敢于多用一点儿这种原料，反过来又少用一点那种原料。对他而言，烹饪是一种灵感、一种创造性行为，充满乐趣又带点儿实验性质。他努力为客人准备最好的东西，并且不想仅呈现一顿食物，更希望是一段体验。

这本书也像是一本烹饪书，提供简单的食谱和必要的原料。如果你每天使用它，它就会有作用，就像一本烹饪书里的一页配方那样起作用（虽然你还是可能搞砸一顿饭）。在你从这里找到的那些工具的背后，在解决圈菜谱的背后，你会发现与人们打交道，用以带领人们发展和实施最有效的解决方案的那些信念。就像厨师要遵循某些原则一样,当你使用解决圈的工具工作时,需要遵循以下原则。

定制化解决方案的专家

咨询顾问们常常太快地给出建议和提示。经理们也倾向于为团队建立标准的解决方案,因为他们曾带领过其他团队,并且有大量的经验。此外,他们受过的良好教育帮助他们迅速地找到"正确的"或"有针对性"的流程。咨询顾问和经理们喜欢扮演"专家"的角色,并且觉得他们是在用这样的方式帮忙。在某些情境下,当你在处理收集信息的问题或关于组织流程的问题时,这种做法是有用的、节省时间的。

然而在其他的许多情境中,我们剥夺了团队的很多机会——他们发现自己的、定制化解决方案的机会,以及走一些必要的、有启发性的弯路的机会。

每个混乱的团队情境都是独特的并且只对身处其中的人们提供暗示。这些人才是解决这个问题真正的专家。外部提供的建议在这里可以被视作一些想法,但它们可能不像裁缝定制的解决方案那么合身。解决圈基于这样的假设:他们能够找到最适合的(而不是任意一个)解决方案。解决圈意味着能够控制住自己,忍住自己的想法,为发展团队的解决方案打开空间。

忍住建议和提示是不容易的,尤其是当你作为团队经理时。但是,如果你相信通过把发展解决方案的责任交给员工,他们的投入度和主动性都会提高,且动态发展的机会会增加,那么对你而言尝试这个挑战就会变得更容易。这个回报是数倍的！我们的经验一次又一次地证明，如果解决方案是由身处其中的人们自己想出来的，那么这些措施实施的可能性就会大得多。

有成效的未知

"未知"（not-knowing）意味着你不偏不倚，它使你能够问出非同寻常的问题并且把应对问题和寻找合适的解决方案的责任留给专家——冲突的参与者。使用解决圈工作，未知是一个有用的先决条件。未知的反面是确定。我们通常都想要确定。我们想要找到理由充足的论点，我们想要做详尽的分析以便找到真相，以便用清晰的事实和数据去证实假设，以便科学地工作。然而，那些看起来确定的事情只是我们自己建构的对世界的看法。

使用解决圈工作时，经理们和咨询顾问们常常报告说，当团队个体成员谈论他们自己的具体职业问题时，他们才开始理解问题是什么。这让经理们觉得无力。他们都不太理解成员告诉他们的那些事情，又要怎么帮助成员呢？如果他们认同世界是在我们头脑中创造的，他们永远都不能真正完全理解另一个人。从企图完全了解一切转向实践"有成效的未知"，他们将有机会置身事外。这样，他们可以专注在他们教练的角色上。应用好解决圈的这些元素，他们不需要理解所有事情。对团队提出的解决方案，经理们可以表示惊讶或是高兴，因为他们见证了参与者非常努力工作的这个事实。

在这个背景下，未知非常有成效。未知展示了对其他意见和新想法的尊重。不屈服于确定性的诱惑，我们就有可能走上新的道路，并准备好尝试未知的东西。在团队中，非常不同的观点汇聚到一起。这些观点通常令人惊讶，是你作为经理想象不到的。未知的态度使得教练能够创造空间。在这个空间里，各式各样的想法都能被利用起来发展出解决方案。

清晰你自己的利益

不是所有的团队讨论都能用解决圈来处理，有时作为责任经理，你有明确的利益，必须要告知人们某些事实。你做了一个决定，需要执行；或是你不得不代表和执行企业的目标。作为上级，你要根据价值观和规范来设定框架，而价值观和规范是不能协商的。通过设定这个框架，你就自动地表达清楚了员工有多少发挥的余地。

解决圈不会减轻经理所承担的领导力职责。在特定的情境中，它是帮助团队取得进步的有效工具。

听到问题时的欣赏和容忍

这里描述的过程要求关心和识别那些有问题的情境。人们注意到一件事并认为它是不舒服的，甚至是有威胁的。任何偏离了想要的状态的情况都被描述为问题。因此，问题是从相关人员的个人经验中描述出来的，所以有时外人难以理解。甚至，当我们不能理解其他人告诉我们的问题时，他们会感到为难或者痛苦。当我们漠视问题时，我们没有公平地对待这个人的情绪状态，而这常常是产生阻力的原因。一个问题，即便你一眼看去是陈腐或不重要的，你也要认真对待。而且，对员工而言，在团队里谈论问题不是件容易的事。这不是你每天都做的事情，这个事实应该得到相应的重视，因为从中你能看到真诚希望改变的迹象。

给予赞美

当我发现我的谈话对象身上那未受到注意的优势时，我经常被触动。虽然这并不是典型的工作文化的一部分，我还是敢于给予一个赞美。团队成员们都具有能够用于克服困难的个人品质和经验。这些品质或资源——困难时期的坚定信念、努力工作的能力、幽默感、愿意倾听并提供帮助、能起草细致的项目计划、喜欢学习——这些及其他组成了团队成员的优势。

赞美必须是认真的，不能将其当作操纵沟通的伎俩。如果只是为了表示亲切、友善，也不应该使用赞美，否则，教练很快就会失去可信度。有用的赞美要基于对真实事件的口头交流或对行为的观察。

与团队工作时，赞美具有惊人的力量。赞美能在未来的行动中助长成员的信心和希望。此外，赞美照亮了那些有助于达成目标的过往优势和成功。你可能从小就记得这个：总有一些瞬间，你会回想起你童年或青年时期受到的某些赞美。通常，这些赞美会影响余生我们对自己的看法。

沉着与信任

只有当你相信这次冲突意义非凡，认为它是合理发展的起点时，沉着才会逐渐显现。这需要技巧，尤其是因为我们很难事先判定什么在特定的情境中是有意义的。

也许你可以把这和冲浪相比较。我站在冲浪板上，全神贯注，这样我才能轻易地跟上海浪的运动。我总是需要随波逐流，而不能逆势而上。在我脚下，我能感受到海水不可思议的力量：它正咆哮着、怒吼着。每个浪尖都伴随着一个低谷。我需要识别出能量在哪里。那样，我才能利用好它去完成我的目标。但我只有在随波起伏的时候才能做到这点，而不是被卷进漩涡时。处于沉着而安全的平衡位置时，我可以轻松应对。解决方案冲浪（the SolutionSurfing）——在解决方案海浪的表面做冲浪运动——在我表现出沉着和信任时最为容易。

多样的选择

在困难的情境中，团队常常只是把解决办法 A 和解决办法 B 并排做选项。他们不得不在非黑即白的两种立场之间做决定。在解决圈里，我们不只考虑黑白，甚至不只是黑白之间的灰度，我们考虑的是整个色彩的频谱！许多颜色都能在解决方案中找到自己的一席之地。与团队一起工作时，我们想要打开各种各样可能的行动选项，并且要彻底摸清策略有多大的操作空间。我们要求见到第三种（第四种和第五种）可能的解决方案。

保持中立

解决圈的另一项原则是保持中立。重要的是，为解决方案建构框架的人不能有偏袒，尤其是在冲突情境中。如果团队里的每个人，包括经理，都陷入冲突中，明智的做法是请一位外部教练来主持工作坊。每个团队成员都要相信教练在不偏不倚地协助这个冲突解决过程。如果不是这样，整个工作坊将最终成为一场辩论。

每一份贡献都是重要且有价值的。在我们看来，没有错误的贡献。解决圈是来帮助冲突的各方一起共同开发解决方案的。作为教练，你欢迎各种想法和贡献，团队决定哪些贡献能够被采用以达到目标（当然，要在给定的框架内）。如果教练偏向某一方，他就制造了阻力，阻碍了必要的解决方案步骤的实施。

解决方案冲浪

如果你领导着一个团队，你可能有很多关于大大小小需要搞定的问题的故事可讲：员工和老板之间观点的差异、意想不到的问题、对工作质量的不同期待之间的冲突、客户的抱怨，等等。这些事件就像海浪——团队动力的海浪、变革的海浪。至少有三种方式处理这些海浪：

» 用尽全力抵制浪潮。（我是老板！我不要任何改变！）

» 逃避。（也许被超越也不是太坏。）

» 冲浪。（利用能量去达到共同目标。）

你需要保持强健的精神和身体，具备勇气与热情去利用海浪的这股能量向前进。你必须往前看，不能回头看。想象你站在一个完美的浪头上，利用这股海浪的力量去往岸边，利用向前的力量去达到你的目标。你高度集中注意力，在海浪中保持平衡，听着冲浪板下面雷鸣般的声音，优雅而轻松地利用这股能量。

这就是解决方案冲浪：在解决圈的四大基本原则的基础上，你成功地利用了团队动力。

解决方案冲浪代表着我们在工作场所处理挑战的方式。解决方案冲浪者们拥有非常有吸引力的目标，并且专注于解决方案以及它们的成功实施。他们利用目标导向的海浪能量，并且不被卷入水底。在这个通常把障碍当作我们意识和行为的中心的世界里，解决方案冲浪建立了一种平衡。

团队混乱是机会。利用海浪到达梦想的彼岸。解决圈的四项基本原则能够充当你的冲浪板，冲出一趟激动人心的成功之旅。

4. 解决圈步骤

The SolutionCircle Step by Step

"问题不能在创造问题的同一意识层面被解决。"

——阿尔伯特·爱因斯坦（Albert Einstein）

接下来要描述的这八个步骤可以帮助你在团队中解决复杂的问题，并成功地达到团队目标。为了让其更简单和清晰，解决圈被细分为八个步骤。当然，团队里的所有问题都彼此不同。有时，它们在团队会议上毫无预期地出现，需要立即解决。在这种情况下，你可以直接使用解决圈的单个元素。你可以询问有针对性的问题，以便团队一起找出什么已经起作用了。

如果情况复杂、压力大，最有效的方法是让团队暂停下来休息一下，然后就这个具体的议题举办一个特别的工作坊。通常，这类工作坊要由一个人来带领，可以是团队经理，也可以是外部的咨询顾问。解决圈的八个元素能为工作坊提供一个有用的结构。

跳房子游戏原则

解决圈的单个元素之间并没有固定的顺序，根据给定的情境来做调整将更为有用。有时跳过两步，回过头再做也是可以的。对各个单独的元素理解得越透彻，你运用得越得心应手，应对情境就越简单。也许你还记得小时候玩的跳房子游戏，用粉笔在地上画上格子，和其他小朋友一起在格子里跳来跳去。跳房子游戏里面，有八个格子写了 1 到 8 这几个数字，但是你并不需要按顺序一个一个跳。你单腿跳、一次跳两格、往后跳、往前跳，或是在半空中转个身，这都取决于那块石头在哪里。用这样的办法，你选择最适合每一个情境的流程。四项基本原则依然具有核心的重要性：聚焦解决方案、基于已经起效的部分来工作、照亮资源和转换视角。解决圈的每个具体的元素都反映了这四项基本原则的每个具体的方面。

教练的定义

我要使用"教练"（coach）这个术语来指代在解决圈中带领团队的那个人：他可以是项目经理、部门经理、内部的人力资源发展经理或外部的咨询顾问。如果你作为一位教练来支持解决圈，你主要是提解决方案导向的问题，以便为这个过程创造一个框架。教练陪伴着这个小组，朝着达成共识的目标方向，仔细而满怀感激地工作。

教练角色不是用自己的方式、提自己的建议或下达命令。为了开启这个过程并成功地实施，教练必须要把开发可持续的解决方案的责任交给团队。

步骤综述

准备基础（Preparing the Ground）

目标

这第一个步骤用于阐明框架，帮助教练取得参与者对他的信任，了解每个人需要什么才能热情地投入合作，并达成共识。

团队成员进入发展进程时通常对于要发生什么有着非常不同的假设。有些可能有点不情愿、觉得不安，有些可能盼望着最终能"卸下负担"。在这第一个步骤中，最重要的是准备好在工作坊里一起工作，这样每个人都能参与，不会觉得尴尬或被不公平对待。

流程

◇ 阐明缘由

作为教练，我首先解释是什么让我们聚在这个房间里一起工作。我向团队报告在谈话中发生了什么导致我们需要来开这个会，告诉他们我所做的协议，并将我被告知的重要信息传达给他们。非常重要的是阐明框架，包括有哪些因素是不能讨价还价的。

◇ 命名外人可见的资源

作为教练，你可以告诉团队成员你已经听说的有关这个团队的一切，然后尝试列出你认为使团队变得独特而卓越的团队特质、成功故事、高绩效的故事和例子。你要提及你能为这个团队贡献什么资源（虽然你是个外部咨询顾问，以前也没有和这个团队一起共事过）。你要有说服力，这不是技巧的问题。我只在自己也相信这些资源的时候，才会提及这些资源。所以，你只有在准备时专注于这方面，并有意识地把它整合进你的计划中，你才能真正地做到。

◇ 介绍工作方法

在这一环节，说点有关工作方法的内容会比较有帮助。在工作坊内，详尽地分析各种问题不是太重要。相反，我们想要利用绝大部分的时间去开发解决方案。注意力关注的中心不是过去，也不是谁犯了错，而是我们能如何共创一个成功的、共享的未来！

◇ 明晰职责

从开始就明确各种角色很重要。教练的职责是创造框架和工作坊的结构、定流程、提问题，参与者的职责是提供内容、发展解决方案。

◇ 确立基本规则

写下沟通和引导的规则，对保证参与者们的积极投入很重要。我们可以把这些规则称为"合作规则"，并通过所有人的同意，以保证工作坊的有效性。

有用的提问

» 为了使每个人都能舒服地参与这个工作坊，我们需要遵守哪些沟通规则？

» 你会怎么知道我们是在就事论事，而不是带着情绪？当我们用这种方式讨论时，我们会做些什么？我们不会做些什么？

» 是否每个人都同意我们今天遵循这些规则来工作？

举例：工作坊规则

» 今天我们谈论的任何事都只能留在这个房间里。（保密）

» 我们要听完别人的讲话。

» 每个人的意见都很重要。

» 教练应该保持中立。

» 在这里，每个人都可以开自己的玩笑。

» 我们保持冷静，就事论事。

期待与目标（Expectations and Goals）

目标

这一步骤的目标是定义会议成功的标准。教练需要了解团队成员要达成什么目标，要实现什么期待，参与这个会议才算值得。

在这里，我们要共同制订标准，最后我们将借用这些标准来衡量团队的工作是否成功。有时，这些期待形形色色，而且还不太明确。在这一步骤里，我们要把它们统一并具体化。共同发掘期待和目标非常重要，不要让别人来规定它们。这样，参与者们会意识到我们真心地关注每个人的需求，每个人的投入都很重要、有价值，以此来提升他们对工作坊的认同度，增加他们的信心，让他们相信结果对每个参与者都有帮助。

流程

◇十人以下小组的做法

在比较小的团队内，你可以在白板纸上收集并记录他们的期待和目标。教练要花时间询问每一个人，看他们能贡献什么。教练可以问关于目标的问题，目的是确切地找出当目标实现时，事情看起来是怎样的。这些简短的对话对其他成员而言也是有趣的，而且常常能帮忙阐明话题、增进彼此间的相互理解。

◇ 十人以上大组的做法

如果有更大的团队（十人甚至更多），你也可以将其分成小组来做这一步。

首先，三或四人一组，在白板纸上写下对工作坊的期待和目标；

接着，在房间内展示这些白板纸；

最后，通过提问来阐明他们的陈述，使每一条表述更精确。

不同的表述可以集中在一张白板纸上，用团队成员自己的话在整个团队面前快速地介绍一遍。

有用的提问

» 工作坊里需要发生些什么，才值得你花时间在这儿？

» 工作坊结束后，需要有哪些改变？

» 你如何知道你们已经达到了目标？

» 如果你们一起达到了这个目标，你们的客户会注意到什么？

» 在你看来，实现对工作坊的期待，这个可能性有多大？

> **目标太高？**
>
> 　　正常情况下，团队考虑他们的期待时非常现实。然而，有少数团队会列出庞大的清单和非常高的目标。如果你对所有目标的可实现性有怀疑，你可以尝试对清单做优先顺序排列，或者询问达成目标的可能性。这样做也可能有帮助：提醒团队成员，他们才刚开始一段旅程，他们会一步一步接近雄心勃勃的目标。

举例：期待与目标

团队成员　如果我最终有机会卸下所有长期以来烦扰我的那些事情，这个工作坊就是成功的。

教　练　好的！所以如果我们给你时间和空间去卸下、去说出所有烦扰你的事情，之后什么会变得不同？

团队成员　我想，那时其他团队成员会意识到他们也会犯错，然后就不会在背后议论我了。

教　练　如果我们真的做到了，从今往后不再发生背后议论你的情况了，你能想象这个吗？（短暂停顿）议论停止了，你会注意到什么，让你知道它停止了？

团队成员　（思考）嗯。我想我会注意到，当我从茶歇回来的时候，人们看我的眼神不一样了。他们会更开放和直接。我也愿意得到更开放的反馈。如果我做错了，他们会直接批评我并且告诉我哪里做错了。非常直接的反馈，而不是用

教　练	电子邮件或其他什么的,弄得很复杂。

团队成员：我可能也会更开放一些,可能会更经常和他们一起吃午饭。我想我大概也会对我所做的事情更有自信,然后更少犯错。另外,我会确信我工作干得不错,因为我没有收到任何负面的反馈,那会很好。

教　练：是的,这听起来非常详细,也很具体！你想让我在白板纸上写什么？你想怎么设定你的目标？

团队成员：嗯。我的目标是其他人停止在背后议论我！

教　练：我更希望这个目标是正向的。你希望其他人做些什么来代替？

团队成员：对我而言,如果我能确信其他人以后能直接批评我,参加这个工作坊就值了。

热点话题（Hot Topics）

目标

在这个步骤中，教练与参与者一起决定主题，瞄准那些需要提升的地方。

通常，这里会有几个相互重叠的主题。团队成员对冲突的起因感受到的程度是有差别的。在这个步骤中，我们的目的是让这些不同的观点清晰可见。这里，我们仍然可以设立优先顺序：哪一个主题应该被优先处理？

流程

首先，每名参与者在小卡片上写下不太理想的、不安的或不满意的经历或情境，然后把这些卡片贴在墙上展示。

等所有人都把自己的卡片贴上墙以后，要给整个团队机会去阐明每一张卡片的意思。等他们描述完某人如何体验或看待这个情境后，把卡片留在墙上。没必要去辩护或道歉。如果出现讨论，可以留出空间让他们讨论。交换对情境的不同感知，有助于相互理解和阐明情况。然而，要保证这个讨论足够长，又尽可能短。

接着，在组内分类汇总一条条陈述，并给它们命名。这个，你可以和团队一起完成，也可以在午休时自己预先把卡片分类，然后向团队展示。

等不同的标题都形成了，列出一个热点话题列表。当识别出很多标题的时候,这样做就更有必要了。每个人选出他认为真正至关重要的话题,并在上面签名。以这样的方式,你分出了不同的小组,他们愿意在不同的某个特定话题上继续探讨。在这一步,让整个团队对同一个话题进行探讨没那么重要。最好让每一位团队成员在他愿意深入的领域去投入精力来引发改变。

在这一步结束时,你有了几个总标题和愿意在各个话题上进行探讨的几组成员。

> **评论**
>
> 有些教练会省略这个步骤。他们会认为第三个步骤就是在重复"期待与目标"阶段,而且,他们也发现这一步的问题导向十分明显。不操作这一步也可以完成解决圈。事实证明,这一步倍受欢迎,因为它进一步增进了团队成员间的相互理解,特别是在冲突情境中。通常,个体团队成员只有在卸下了他们从过去带来的负面经验后,才能看向未来。

举例:热点话题

在一个销售团队中,产生了下列热点话题。团队成员们亲自写下了这些,他们清楚地知道是什么意思。以下引用是为了说明话题看起来可以是怎样的:

» 模糊和冲突的销售架构

» 与他人合作

» 领导力

» 没有知识传递

» 梦想团队

» 团队士气

这些陈述的每一条都代表着一位团队成员的不同的体验、对其他人行为的诠释、对陈述和行动的感知及解释。

在十个人的团队里，最终有两人选择处理"梦想团队"的话题，五人选中"销售架构"的话题，还有三人（包括经理）处理"领导力"话题。

聚焦亮点（Highlights）

目标

参与者开始寻找问题或冲突不存在的情境，或是问题或冲突不那么严重的情境。他们找出亮点以使他们完成团队目标。

过去起效过的事物经常是实际解决方案的第一个征兆。然而，团队之前大部分注意力都聚焦在困难情境上，他们现在转向在团队中发生过的、大家都喜欢也愿意让其多停留的那些时刻。我们和整个团队一起讨论亮点，开始寻找成功的实例，并且检视是什么样的资源使得团队能够达成那些成功。

要帮助参与者迈出这一步，可不是那么容易的。教练做一个简短的导入是很有必要的，比如像这样：

现在，也许并不是团队里所有的事情都不如意。要真是那样，你们里面好多人估计已经辞职了。所以，在这个团队的日常生活里肯定还是有些亮点（成功）的。让我们花一小段时间，聚焦于什么已经起作用了。在讨论完上个月有哪些困难之后，现在让我们试着把这个画面描述得更全面些。在上个月和上周，你们无意中发现了哪些亮点？

流程

如果团队人数少，教练可以在整个团队里收集亮点。教练可以问问题来阐明，恰当地肯定哪怕很小的亮点，然后加强这些亮点资源。

在人数多的团队里，还是用分小组工作的方式，然后把他们的亮点带回全体会议里。

E-A-R-S

亮点是例外，是当困难不存在，或存在范围小一点的那些时刻。因此，它们提供了机会去探索参与者展示可用于解决方案的资源和情境。无论团队成员在描述不起眼的事件时有多含糊或多谨慎，教练遵循的流程可以用这个首字母缩写词来总结：EARS（de Jong and Berg, 1998）。

E：引出（eliciting）亮点、例外。通常，参与者先提及小而不重要的亮点。他们有点茫然，也不是很坚定。如果你不仔细聆听，很容易错过重要的例外情境。

A：放大（amplifying）这个例外，把它打开。让参与者具体描述例外和问题时刻有什么不同。探索例外是如何成为可能的，尤其要问描述例外的这个人在其中扮演了什么角色。

R：强化（reinforcing）这个成功，进行赋能。承认亮点，花时间详尽地探索它，然后给予赞美，这是这个环节最重要的部分。

S：再次开始（start again）。"S"提醒教练停留在良性循环里，重新回来问，"还有呢？"

有用的提问

» 在过去几个星期里,关于我们手头的这个话题,有什么事情看起来像个小小的亮点?

» 有什么确切的不同?

» 你贡献了什么使得你的同事做出这样的反应?

» 如果你说在过去几个月里找不到亮点,那么也许有冲突不那么激烈的时刻。你为此贡献了什么?其他人贡献了什么?

» 从这些亮点中,我们能学到哪些对这个问题的解决方案有用的东西?

举例:亮点

一家生产技术设备的公司雇用了很多外籍工人,他们主要从事手工作业。在其中一个生产小组里,"领导力"这个主题作为"热点话题"之一被提及。下面引用了员工们的一些话,是他们在三人小组里寻找亮点后分享的:

"事情积压在我们这里了。经理过来问我是否要加班。我很感激他过来问我,你不能简单地假设我们会留下来加班。后来,经理还向每一个人亲自表示感谢,这简直太棒了。"

"在 X 项目中,我获得了完全的自由去实现我们谈好的目标。我能看到大家是真的信任我!"

"许多时候,他们只在我们犯错时才跟我们谈话。当我建议我们可以如何改进配送流程时,老板走了过来,表扬了我。这让我感到更有安全感,我感觉更好了。我感受到他信任我。"

"我喜欢 M 小姐的地方在于,当其他人有个人困难的时候,她真的非常仔细地聆听并且支持他们。她是这个小组的'好人',总是腾出时间帮每一个人。有一次在我和别的同事吵架的时候,她帮了我。"

"我经历过一次亮点,那次经理叫我帮他向几位新员工演示我们在这里是怎么工作的。这样一来,他得到了一点帮助,而我的工作也变得更令人兴奋,因为有时候工作挺无聊的。"

未来的理想状态（Future Perfect）

目标

在未来的理想状态这个步骤中，团队设计出非常清晰的未来画面。在这个未来画面中，问题已经被解决了。

未来的理想状态帮助团队优雅地建构起未来导向的目标，使团队更容易发现解决方案。这一步把关注点聚焦在解决方案层面上。而且，因为我们在谈论"理想的"未来，每个人都能描述可能性，不限制范围。参与者们被鼓励打开脑洞去开发有创造性的想法。

流程

由在热点话题步骤中形成的利益相关小组来负责处理相应的未来理想状态。这些小组的任务是：尽可能精确地描述他们的话题的理想未来，并写下来。比如，你可以这样来介绍这一步骤：

"接下来这一步，我会问你们一个有点奇怪的问题。我相信它非常有助于我们的目标，但是需要一点想象力和创造力。你们想要我问你们这个问题吗？"

或者这样说：

"如果我们在这个工作坊中取得成功，团队能够确切地朝着我们想要的方向发展，两年后我们会在哪儿？

"什么会全然不同？

"客户们会如何谈论我们这个团队?

"如果我两年后再次遇到你们这个团队,我会看到什么,让我知道一些事情已经变好了?"

随后,在团队对这一步骤的结果展示中,重要的是要把所有想法和所有画面都看作是真实合理的、可允许的。必须避免说这样的话:"这是不可能的,因为……"我们在这里的目的就仅仅是交换愿景和想法。

团队描述完之后,教练可以问:

"这是否就是吸引团队愿意为之努力的未来愿景?团队是否已经有足够的动力朝这个方向开始工作?"

如果在小的团队里只有一个话题,未来画面可以由整个团队的人一起来描绘。

刻度舞步（Scaling Dance）

目标

团队里每一个成员达到了目前的状态。参与者们要找出在过去，是什么已经在起作用。

可以用许多不同的方式来使用刻度尺，它是直击要点的极好的工具。刻度尺通常是定义好的，其最高分（一般是10分）代表理想状态（未来的理想状态），而刻度尺的另一端（1分）代表完全相反的情况。使用刻度尺能够帮助我们摆脱非此即彼的、非黑即白的思维方式。许多灰度被引入，因而在讨论中，团队可以更有洞察力。

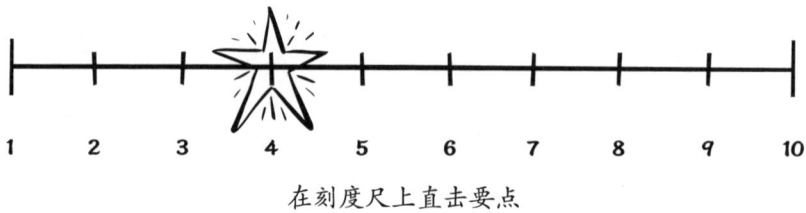

在刻度尺上直击要点

当我们在解决圈中使用刻度尺，团队成员个体的评估分数之间的差异（比如，一个人打5分，另一个人打9分）并没有关联。有趣的是，每一个评估分数为什么是这么多。我们好奇的是1分和5分之间的区别：在达到5分的路上什么已经实现了？用到了哪些资源？

教练可以在白板纸上画出刻度尺，并用胶带把它们贴在地上。

参与者用马克笔标注出自己的分数,或是站在相应的位置上。介绍这个练习的时候,你必须小心,因为参与者们知道评分是对其状态的瞬间描述,是非常个人化和主观的。由于分数基于主观感受,团队的不同成员的个体评分之间不具有可比性。刻度尺作为测量平均满意度的工具并不太有用,但是作为使差异透明化的工具是非常有用的,并且能够帮助我们发觉评估之间的微妙差异。

在这一步骤中,教练也可以随意要求团队成员进行阐明。在较大的团队中,可以让参与者两两结对,互相提问:"是什么让我们知道,我们已经达到了 X 分?"

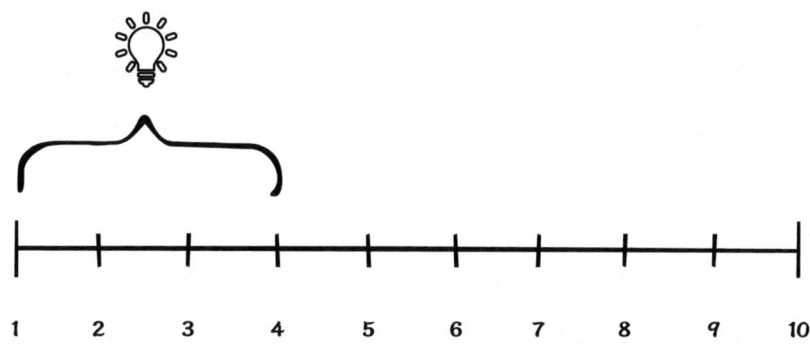

成功的刻度舞步要遵从的原则

(Szabó, 2005)

1. 介绍:用刻度尺工作

刻度化舞步是团队的一种反思时间,因而与前一步骤(展开未来愿景)不一样。因此,有一个清晰的过渡非常重要。用写在白板纸上的刻度尺，或是画在地上的刻度尺来介绍我们即将开始用刻度尺工作。

2. 相信感知和评估

个体对进展的评估有惊人的主观性。将参与者非常个人化的评估作为会谈的基础被证明十分有用。人们应该被鼓励去探索别人的证据，而不是争论他们自己和其他人在评估和感知上的差异。

在介绍刻度尺问句时，你应该强调我们问的个人评估是当下瞬间的主观评估，并且在之后任何时刻是会变化的。参与者的评估不会错——每一个得分都完全正确。

3. 不要计算平均分

刻度尺上的评分不能用算术方式来比较，因为它们是根据主观标准打的分。一位团队成员评的2分代表什么，只能在会谈中来确定。因而，不要屈服于用个体的分数来计算"团队平均分"的诱惑。

4. 谈论资源

提出刻度化问题，那样你可以尽可能多地获得有关现存资源和（隐藏的）技巧的信息。记住：谈论解决方案创造解决方案，谈论问题和缺陷增加问题。如果你能找出已经有什么基础以及什么能力是可用的，就能促成进展的发生。

5. 利用差异

个体分数的绝对价值并没有个体分数间的差异那么重要。我们所谓的亮点和现状之间的差异，优秀例子和不那么优秀的例子之间的差异，你现在没做的事和你进步后会做的事之间的差异，为可能的解决方案提供了相关的信息。

有用的提问

» 想象一个1到10分的刻度尺。关于X这个话题，10分代表理想状态（未来的理想状态），1分代表相反的那头，你现在在几分？

» 你是怎样成功达到这个分数的？1分和你现在这个分数之间的区别是什么？

» 如果让你思考你最精彩的亮点，那么它在这个刻度尺上处于几分的位置？与你目前的分数有什么不一样的地方？

» 你个人为达到X分贡献了什么？

» 你怎么知道你朝着10分前进了一小步？

» 为了能保持在X分并且不退步，你用了什么资源？

举例：刻度舞步

一家小信托公司的三位经理人团队雇用了一位外部教练帮助他们解决他们之间的冲突。

教　练　在一个1到10分的刻度尺上，10分意味着你们可以再次成功而高产地合作，1分意味着冲突变得无法容忍，你们此刻在几分？

甲　　　今天，我在6分。昨天要低得多，但是今天，是的，我想6分是正确的。

教　练　好。你怎么就已经达到这么高的分数了呢？

甲　　今天，我们的对话向我展示了我们确实在几个关键事情上是一致的，而且，实际上我们正朝着同一个方向使劲。只要我们多点平静的谈话，不要带着日常的压力就好了。

教　练　还有什么？

甲　　（偷笑）今天的某一时刻，我相当固执，因为这个话题对我非常重要。有时候，我真的不认为我这么固执是件好事。无论如何，就在今天，好长时间以来我第一次感受到我的固执被接纳到这种程度。我想我的固执也有助于这次会谈。

乙　　嗯。我还在 2 分。

教　练　在 2 分。我猜，你还需要做很多事情才能在这个团队里再次感到舒服。然而，你不是在 0 分。那么，进展顺利的那部分是什么呢？

乙　　顺利？确切地说，我真的不知道。2 分更像是在表示我的希望，我希望能解决我们之间的冲突。

教　练　那么，是什么给了你这个希望？

乙　　今天，我第一次理解了我的合作伙伴真正的意思。我们彼此倾听了。

教　练　在刻度尺上有几分的时候，你觉得你们会再次好好合作？

乙　　嗯。我认为在 4.5 分的时候，我们会开始富有成效地工作。

教　练　好的！你能想象一下你可以做点什么去朝 4.5 分靠近一点点？

乙　　刚开始做业务的时候，我们刚在一起。我们会一起去拜访客户，在路上有时间彼此沟通，没有固定议程。今天，我意识到我很怀念交换想法的这段时间。我愿意重新引入某种形式的定期交流。

丙 是的,我认为这是一个好主意,而且还帮我提高了一点点分数。我现在在2.5分。

行动步骤（Steps）

目标

在这一步骤中，参与者们设计具体的方法让团队能够在不久的将来去实施，而且越快越好。

在刻度舞步的基础上，比较容易找出步骤。你仅需要注意为了朝10分靠近一小步，需要做些什么就行。

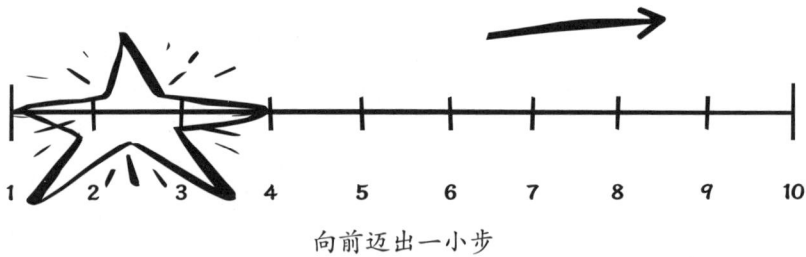

向前迈出一小步

实施阶段中的支持

在这一步骤中，你也要注意这个团队在实施阶段可以向什么人去寻求额外的支持。例如，你可以去问其他外部人员，如其他部门的同事、主管甚至是客户。支持者们可以以不同的方式来帮忙。有时候，只要告诉外部人员这个团队计划有什么样的改变，就已经足够了。你会得到更多承诺，也许还有新的想法。

保持持续进展

重要的是，团队要清楚他们会如何保持进展。他们需要达成什么协议以持续致力于他们所谈的解决方案？他们会如何谈论进展？如果有团队成员要改变自己（必须出于自愿），需要给予他们积极的强化和反馈。如果他们尝试做了点不同的事，但是没有被关注到，他们很快就不会再尝试。保持进展意味着要询问什么在改善，并且立即聚焦于有用的行为。这可能以各种形式发生，通常，团队自己拥有最具成效的想法。

有用的提问

» 为了朝10分靠近一步，你需要做些什么？

» 为了让事情向前发展一点点，你能贡献些什么？

» 你是怎么注意到情况变得更好一些了？

» 如果这个刻度尺会说话，它会建议你下一步做什么？

» 如果你实施了这个方法，你的客户会说什么？

» 你准备怎么去交换并指出实施的第一个小小的成功？

举例：步骤

在一家省级医院，八位各管一个病区的护士长会每两周举行一次会议。他们的目标是改善会议文化，变得更加有效率。当做到以下几点时，他们将会在刻度尺上提高 1 分：

» 会议准时开始；

» 多发几次会议通知；

» 由两位护士长事先决定好标准流程，在会议上只传达信息，而不用在会议上讨论；

» 事先决定好要花多少时间在议程的每个议题上（灵活地管理）；

» 用投票代替无休止的讨论。

一位护士长评论说，当发生以下情况时，她会知道朝 10 分又近了 1 分：

» 会议在晚上 9 点半之前结束；

» 会议结束后我愿意和大家一起去咖啡馆；

» 我感觉到其他人对我的部门感兴趣，他们向我提问并给出建议；

» 其他人在发言的时候，我不会去想别的事情。

个人任务（Personal Mission）

目标

通过布置一项观察任务或行动导向的任务，将注意力引导至能够持续支持团队日常进展的某些方面。

个人使命或任务是一种优雅地持续支持团队日常工作进展的方式，它能使参与者们聚焦于成功。通过将关注点放在大大小小的成功经验上，进展就被建设性地加快了。

这个步骤可以用一个观察任务开始：在未来几天内，团队个体成员明确地聚焦于在他们目标方向上发生的改变，并记录下来。在团队会议或接下来的小型工作坊中，交换观察到的内容。

另一种选择是，个人任务可以包括行动：每一位团队成员思考一个他们认为适合去建设性地支持团队进展的具体措施。这项措施会在不久的将来去实施，但是不要告诉任何人。

个人任务再一次将工作坊中的所有参与者在发展进程中整合为一个整体。每个人都可以做出他认为合理的贡献，每个人都必须做点什么。

举例：个人任务

一家社会服务机构的三位经理参加了为期三天的工作坊。在工作坊结束前，他们的核心问题是如何形成更合理的生活方式。每个人都在工作中投入了大量的时间和精力，他们工作和生活之间的平衡方式是不健康的。人力资源部的内部教练给他们的个人任务如下：

此刻不要做任何改变。但无论如何，在家里找个好地方放一只碗，在这只碗旁边放一大袋你最喜欢的糖。每天晚上回到家后，思考一下你今天对自己有多好。如果你感到筋疲力尽又不满意，就放一颗糖在那个碗里。如果你对自己很满意，就放两颗糖。如果你想着"这简直就是未来我想要事情呈现的样子"，那就放三颗糖在碗里。一周以后，看看会发生什么。

两天后，他收到其中一位经理发来的电子邮件：

……我已经放了一只碗和一袋糖。然而，让我惊讶的是，这只碗的图像和要对这一天做一个评价的念头一整天都伴随着我。尤其是当我不得不决定做什么的时候，这个图像就出现在我眼前，并且"正好及时地"在关键时刻提醒我仔细考虑我的优先事项。这只碗的图像就已经达到了这个练习的目的。再次感谢这个主意。

5. 使用解决圈建立工作坊

Setting Up a Workshop with the SolutionCircle

"如果你手里没有握住任何东西,至少你的双手是自由的!"

带领或陪伴一个团队,尤其是处于问题或危机中的团队,是一次个人冒险。你需要勇气来面对流程中没有计划到的那些情境。团队动态是不确定的;个人学习来自团队中发生的令人激动的改变。

令人安心的准备和计划

如果你曾经在高山上徒步数天,你就知道准备和计划有多重要。你必须买地图、获取路线信息。你可能需要一双新的徒步靴。要打包好背包,这样既能保证所有必需的东西都带齐又不会带太多,否则你也背不动。

你需要准备睡觉的地方。也许你还需要提前锻炼你的体力和耐力。准备与计划提供了安全感,但是它们并不能保证你的成功。万一天气变化了,你突然面临一场暴雨怎么办?如果你不小心拉伤了肌肉,怎么办?如果有标记的徒步线路被暴雨冲塌了,或是高山茅舍的主人没有采购足够的补给,没有给你和你的旅伴准备第二天的午餐,又该怎么办?

最好的准备和计划不一定帮得上忙,这样的情境就要求你有能力根据直觉灵活地调整以适应新情境。

在组织中,计划的地位很高。如果你做计划,你会被认为是未来导向、有风险意识并且聚焦于目标的。然而,计划并不能预测未来,也未必能在复杂的系统中带来想要的结果。例如,在入侵伊拉克一周后,将军们不得不承认:"我们与之作战的敌人跟我们在模拟中对抗的敌人是不同的。"仅仅几天时间,现实就赶上了计划。

计划面对不确定性

在组织中,项目都要经历彻底、全面地论证,要尽可能的仔细和全面。而我们仍经常看到有些项目不得不中止,因为人们不知道如何推进,或是发生了未曾预见的事情,或是人们的反应与预期的非常不同。

这就非常类似于在这里所描述的解决圈方法:在计划阶段,我自己做了细致的准备。作为一位团队经理,基于我的经验和对这个团队的了解,我对团队有一个印象在这里,然后我发现情况完全不是这样。我共事过的团队,有的在工作坊里更改了他们的目标,质疑那些目标,又重新定义他们的目标;有的团队在工作坊之前信誓旦旦地表示他们多么需要变革,然而在工作坊里他们甚至拒绝最微小的创新。当然,我也遇到过有的团队成员在工作坊里表现出与我的预期极为不一样的反应。

计划本身就包含了某种冒险 —— 我为自己构想的关于世界的图像会使我一叶障目。 你需要灵活地去修正你的图像，快速地调整，根据情境重新做出反应。你需要沉着冷静地放弃你的计划，你需要有勇气走入你没有预料到的情境。

在这本书里，你会发现你能在开始冒险之前装进背包的工具。解决圈，作为一种工具，可以当地图用，上面标注了可能的路径。但是，你才是核心。保证解决圈成功的并不全然是关于工具的具体知识有多少，或是使用过程如何缜密，而是你在面对不同情境时调整各种工具以匹配情境，是你的创造力和快乐保证了解决圈的成功。不要固守你的计划，要找到实验性的方法去应对不确定。有时，你可以相当有直觉力；有时，你就像个研究者，以实验精神负责任地介绍下一步，然后观察发生了什么。找出什么有用、什么适合。如果你想要成功地掌握这支冒险团队，基于你的直觉，你自己就是最关键的因素：你的经验、你的灵活性以及你欣赏的态度。

欣赏与责任

当我们谈论以实验的方式去应对不确定时，我们通常把这种充满乐趣的方式和责任以及欣赏联系在一起。最重要的是，留心观察和倾听，然后问出下一个问题，或基于你听到的和观察到的，引出下一步。它不是机械地重复预定好的步骤，而是要进入一个周期。仔细地观察你的干预所引发的反应。关注发生了什么，然后决定你的下一步干预行动。这个过程对达成目标、开发适合的解决方案，起着决定性作用。

团队经理带领工作坊的前期准备核查清单

下面的这些问题能帮助团队经理为工作坊做准备：

我是带领这个工作坊的合适人选吗（个人投入度、独立性、克制自己的观点和计划的意愿度、让团队去承担开发解决方案的责任的意愿度）？

· 个人目标

我期望通过这个工作坊达成什么？

还有呢？

我如何知道工作坊成功了？

· 阐明工作坊目标

工作坊的确切目标是什么？

当我们成功地完成我们的话题，工作坊之后会有什么不一样？团队成员会做些什么不一样的事？

当我们达到目标，我会收获什么？团队会收获什么？

这个工作坊的座右铭或名称会是什么？

· 我作为教练的工作

如果我在工作坊里的教练工作确实干得漂亮，团队成员会说什么？

我如何知道我做得很好？

还有什么对带领工作坊有帮助？

· 辨认团队资源

作为一个团队，我们已经成功掌握的有什么（在绩效、学习和享受工作方面）？

在我的团队中，我尤其欣赏的两项资源是什么？

其他人（客户、其他部门、主管）会说我们团队的优势是什么？

我们已经尝试做了什么来寻找解决方案？

・阐明框架

什么是不能改变的：需要公司批准、需要市场允许，或需要我作为团队领导的认可？

成功的关键因素

使用解决圈工作时，你需要一些最起码的先决条件。没有这些先决条件，干预是毫无意义的。

智利教练朱利欧·欧拉拉（Julio Olalla）给出了一个简单的公式，显示了想要成功实施变革所需要的要素。

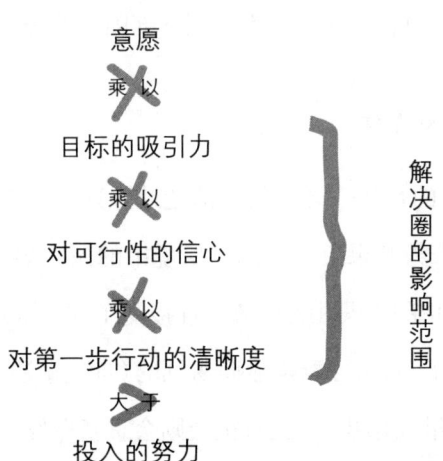

这里描述的四个要素对变革过程的成功实施至关重要。它们之间以数学乘法原则相连接，使它们之间的相互依赖关系更为明显。只要其中任意一项为零，结果就为零：如果我不想处理一件事，什么也不会发生。如果我处理一件事，但是对于它对我有什么意义毫无感知，我几乎不会开始去做。如果我想要做某件事，而且有清晰的目标，但是不相信我想要做的是可行的，那么傻瓜才会开工。如果意愿、目标、对可行性的信心都有了，但是我不知道从哪里开始做，我也不会迈出第一步。

解决圈使我们有可能在一定程度上影响后三个因素（目标的吸引力、对可行性的信心以及对第一步行动的清晰度）。然而，"意愿"这个因素是无法从外部去影响的。

至少具有改变的意愿

团队需要做一个微型审查，确认他们认为此刻的情况需要改变。如果不存在问题，没人有兴趣去发展团队工作，就算是最好的方法也不会有用。改变的意愿几乎很难受到外部因素的影响。

阐明改变的责任

此外，重要的是从一开始就要清楚地陈述参与者要为结果负责，而不是由教练来为结果负责。困难情境中的团队倾向于把他们的责任转交出去。如果你是团队领导并且接受了它，你就强化了他们的依赖性。一开始，成功可能是显而易见的（冲突解决了！），但是从长期来看，问题会继续累积，一旦有机会则会重新爆发。

利用解决圈以及相关的工具,你可以提供一个可能找出解决方案的框架。你对过程负责,并因此支持团队去找到他们的解决方案。

经理人的利益

不是每一次会议都能用解决圈的形式来组织的。作为经理,你有时有明确的利益,必须要去沟通某些事实,必须要设定目标,或传达你作为团队经理收到的那些抱怨。这时候,隐瞒是无意义的。因为在这些情境下,你需要明确你作为领导的原则和框架。在这样的案例中,你不能扮演中立的引导者的角色,你必须有立场,但你可以用一种欣赏的态度去表达。

一日工作坊的典型议程

一家小公司的十二位经理聚在一起,参加主题为"增加有效合作"的变革工作坊。最重要的是要优化他们内部的流程,并提高会议的效率。这项变革由人力资源部经理带领和引导。以下是他为这天准备的议程。

时间	主题	活动	备注
8:30	阐明框架	阐明这次变革的背景。 介绍主题。 我们有哪些资源? 每名参与者报告识别出的其他每个人的优势和技能。	人力资源部经理

续表

时间	主题	活动	备注
8:40	"内部"细节	时间、休息、流程。	
8:50	目标和期待	在白板纸上收集目标。 今天需要发生什么会是有帮助的? 找到目标的总标题。	收集在白板纸上 确认理解
9:20	刻度化舞步	关于我/我们的目标,我现在在几分? 这个分数好吗? 要让自己满意的话我要在几分? 现实点,我今天可以达到几分? 在四人小组内: 是什么让我达到 X 分? 有什么已经在起作用? 从中可以推断出什么资源?	在地上标记刻度尺 小组讨论 把结果写在白板上
10:00	休息		
10:15	刻度化舞步	全体展示。	问句 强化 差异
11:15	短讲	"变革如何成功"。 介绍朱利欧·欧拉拉的模型。 **处理事情的意愿** ×（乘以） **目标的吸引力** ×（乘以） **对可行性的信心** ×（乘以） **对第一步行动的清晰度** >（大于） **为变革投入的努力**。	(如果此处合适)
11:45	午餐		

续表

时间	主题	活动	备注
13:30	未来的理想状态	如果成功了： ——什么会变得不同？ ——我会做些什么不一样的？ ——我周围的人会如何注意到？他们会说什么？	单独工作
13:45	未来的理想状态	交换结果，收集在白板纸上。	四人小组 （天气允许的话，散步探讨解决方案）
14:25	未来的理想状态	全体展示。 优先选择：哪些是最有吸引力的话题？	问句 惊喜 惊讶
15:30	休息		
15:45	措施	收集带领团队朝着未来理想状态前进一小步的想法。	收集在白板纸上 问句： 每个人会在做什么？其他人如何知道？
16:15	检查	我们在轨道上吗？ 现在还有什么是重要的？ 目标如何？ 现在还有什么是有帮助的？	
16:30	保持进展	结束前用10分钟介绍常规的刻度尺。	用信心刻度尺做演示（对变革的信心有多少）
16:45	接下来的步骤	一起定义：下一次会议、沟通的结果……	
	观察实验		我注意到了什么？
17:15	结束		

6. 应对个性员工

Dealing with Strong Personalities

"我们都有一个内心世界,它只属于我们自己。如果我按照自己对事物的理解去表述,然而听者无意中用他对事物的理解去诠释了我的话,那么我们又怎样相互理解呢?"

——路伊吉·皮兰德娄(Luigi Pirandello)

世界在你的脑海中创建

在你的团队里,大家相互交流意见、争论问题,员工的观点可能和你的不同,你觉得他们的想法不合适或者是错的。但是,你真的确定你是对的吗?

不同的观点往往跟我们对现实的认知有关,而认知是非常具有主观性的。如果你询问三个事故目击者,他们会给你三个版本的叙述。部门经理的讲话,一名员工听后可能会觉得受到了冒犯,而另一名员工可能根本不会在意。我们基于自己的观点、自己的期望和自己的信念创造出属于自己的世界的图像。关于这一点,沟通理论专家、建构主义者保罗·瓦茨拉维克(Paul Watzlawick)在他的著作《情况令人绝望，但并不严重：追求痛苦》（*The Situation Is Hopeless, But Not Serious: The Pursuit of Unhappiness*）中写了一个精彩的故事。

有个人想往墙上挂幅画。他有钉子，但没锤子。他的邻居有一把锤子，所以他决定去隔壁借。但是他犹豫了："如果他不借给我怎么办？昨天他匆匆忙忙跟我打了个招呼就走了。可能他真的有急事，也有可能这只是他的借口。也许他对我有什么意见？什么？我对他可什么都没做，都是他自己想象的。如果有人跟我借工具，我二话不说就借给人家。那他为什么不肯呢？这样的白痴真是别人的祸害。他还觉得我得靠他，就因为他有把锤子。我受够了！"于是，他怒气冲冲地赶到邻居家，按响了门铃。门开了，但是还没等邻居说一句"早上好"，我们的主人公就冲着他吼道："留着你的锤子吧，白痴！"（W. W. Norton & Company, 1983）

尽管这个故事看上去非常夸张，它却和我们现实中的行为方式非常接近。主人公得出了令人惊讶的结论，在很短的时间内，他说服了自己：他的邻居是个不友好、难相处的人，千万不能信任他。不管事实如何，我们的主人公说服了自己。对他来说，这就是事实！

这意味着一个人的问题对别人来说未必是个问题。我们有时候认为一些情境困难重重，觉得自己不被接受，我们用某种方式去解读别人的话语，假设别人可能是什么意思。问题来源于个人的认知，而且它仅仅是人们的想象，只有身处于当下一定情境的人才会认为它是真实的，是独立于该情境存在的。基于此，我们往往在日常生活中很快做出的一些是非判断是没有意义的。问题是："什么是恰当的？"我的个人经验、我的知识、我的个性引导我用自己的方式去解读别人的话。没有人会特意把事情看作是"错的"，但是他的认知或解读和别人想表达的意思可能并不匹配。通常，这些个人的解读会引发一些情感，让他说出或者做出一些回应。这个过程完全是独特的。这也是为什么人与人之间的交流如此迷人、令人兴奋，也如此容易破裂。我们看看上述交流和认知的模式就会知道，事实上，两个人能完全相互理解是一个非常幸运的巧合。

尤尔根·哈金斯（Jürgen Hargens）在他的著作《成功领导力》（*Erfolgreich führen und leiten*）中用到了"可穿透的墙"这个例子。想象一下，你以为一堵墙是软的、可穿透的。这是你对这堵墙的认知。如果你去尝试证明你的理论，最好的结果是撞得满头包。

所以什么是你可以确信的？你可以相对明确的是，你的解读是不适用的。你测试了墙的可穿透性，结果它既坚硬又牢固，但你仍然不知道它是什么做的。所以，你要冒险去重新创造一个更好的解读。

也有可能你在日本测试你的假设——墙是可穿透的。那里有些墙是用纸做的，确实可以穿透，你的解读突然就适用了。

在你的团队里，你总会遇到与你持有不同意见的成员。有的人把墙解读为可穿透的、半穿透的、不可穿透的，有的人用其他方式解读世界。在解决圈里，我们不专注于搞清楚谁对谁错，相反，我们试着发现怎样让不同的观点都为实现共同的目标所用。核心是要和持有不同观点的人进行对话，去讨论若要实现目标，什么是有用的、明智的。

在这个语境下，对实现目标有用意味着去探索不同的观点能怎样帮助我们明确目标、拓宽目标，并且朝着期望的方向迈出确定的步伐。运用解决圈时，你总是以目标为导向，目标可能会被贴上不同的标签：利润、营业额、工作满意度、绩效、充分就业、学习等。如果不是整个团队一起来定义目标，就很难明确我们朝着目标进步了多少。如果你在一家公司工作，其中一些目标往往是预先确定、没得商量的，所有公司都想在市场上生存下去。如果这不是团队的或团队成员的目标，那么他们的方向就定错了。

不同的意见都应该得到欣赏和感激，因为他人的想法和视角能够帮助我们去辨别目标，从而使它们更为清晰。这样一来，决定出最适合团队的程序也就更容易了。

练习容忍

应用解决圈最大的挑战是和持有不同意见的人保持建设性的对话！保持和练习你对其他意见和世界观的容忍度是最最重要的。只有这样，你们才能有效地讨论你们之间的不同，讨论它们能怎样帮助你们实现目标。

不把别人的意见贴上"错误"的标签，而是去考虑它们的作用、意义和它们提供的机会，这不是一件容易的事。它会让你的谈话对象觉得受到了重视，仅仅是因为你对他们的观点感兴趣。了解别人的想法也能使你学到更多，并激发出更多新的想法。

和个性员工保持对话

主张不同观点的人往往具有很强的个性。有些人雄辩地、沉着地维护自己的观点；有些人执拗地不愿做任何改变。他们的共同点是都很固执。换言之，他们：

—— 锲而不舍；
—— 敢于质疑现状；
—— 知道他们的立场并且不轻易改变；
—— 愿意冒险。

虽然我们是团队合作，但是不应该忘了团队是由不同性格的个体组成的。为了发展整个团队，在很多情况下，有用的做法是转向个人，直接向个人提出指向解决方案的问题。提出直接的问题，在大家面前简短地交谈，和每一个人都保持对话。不要担心其他人会觉得无聊。相反地，通常他们会很感兴趣。

对典型情境的建议

一旦你开始应用解决圈，你很快会发现有些情境或类似情境会经常出现。除了遇到持不同意见的成员，你还会遇到毫无意见的成员。知道一些这类情境会帮助你更好地掌握专业技能以应对局面。

个性员工之"访客型"

经常有些员工不知道他们为什么要来工作坊。事实上，他们觉得是其他人，比如老板、人事经理（Human Resource，简称 HR）、整个执行董事会需要做出改变。这种"其他人应该……"的员工相信他们没有力量，或者没有职责去解决当下的问题。

如果团队里有这样的员工，你需要极大的耐心。通常，他们很难赞同一个目标，更不用说自己制定目标了。对于这些"访客型"员工，此刻我们还不能保证他会为了团队努力。

有三种有效应对"访客型"员工的方法。

第一，表现出耐心，相信他们会被团队的动力所感染，或者他们会自己找到通向解决方案的入口。

第二，称赞他们，表达对他们的立场的理解。比如：

"马克斯，我很高兴，虽然你不是很清楚这个工作坊有什么意义，但你还是来了。显然，你本来也可以更轻松一点，选择不参加……我觉得对你来说，花费宝贵的时间来这里讨论你不想讨论的事情并不轻松。而且，我发现你在很多事情上也有自己的观点。我希望你能为了团队保持这个优点。这对我们大家来说都非常宝贵。"

第三，我们无法轻易改变别人。通常，有用的是指向个人行为间的相互依存关系的问题。

"如果高层做到了你想要的，对你会有什么影响？之后你会做哪些改变？"

"有什么方法可以帮助高层这样去做吗？"

"假设未来高层的行为没有改变,你有兴趣去探索怎么和别人更好地合作来提高工作效率吗?"

个性员工之"抱怨型"

人们习惯于谈论自己的担忧。如果我们安排了一个关于解决冲突的工作坊,大家肯定非常希望能在其中得到解决问题的办法,至少有机会可以好好抱怨一番。即使你积极地把谈话导向解决方案,常常一个新问题又突然冒出来了。整个团队又会陷入抱怨、牢骚之中。

抱怨者们似乎并非真的想要找出解决方案。面对问题,他们总是觉得无力,也不觉得自己能改变什么。他们甚至常常不知道自己想要改变什么,好像在说:"反正没用的!"

在这种语境下,应用解决圈,询问建立解决方案的问句,几乎肯定能把大家带到解决方案层面上来。所以,事实上你要做的是:和大家一起走进地下室,给他们提供台阶,把他们带回到解决方案层面。

如果你的团队有抱怨的文化,简单地提醒他们,我们需要有效地利用时间,会有所帮助。

"我知道你们都不容易。我很欣赏你们如此高质量地完成了工作。现在我们到这里来一起讨论解决方案。剩下的时间,你们想不想试着来定义一下我们的问题,寻找明确的解决方案?"

个性员工之"拒绝型"

你经常会遇到很抗拒的员工:他们拒绝改变,想要不同的行事程序，拒绝别人的建议，或者默默地摇头反对。

与上述其他情况一样，直接与他们对话，了解什么能激励他们与团队合作，会有所帮助。

"我们还在讨论目标，是吧？你觉得我们做些什么会更接近目标？"

"确切地说，你现在需要什么？在你看来解决方案是什么样的？还有哪些其他因素是你觉得重要的？"

个性员工之"无所不知型"

他们的行为特征是：他们相信自己知道解决方案、知道目标，他们唯一的期望就是所有人接受他们的解决方案。他们认为，根据他们在公司多年的工作经验，他们清楚一切该怎么运作。他们知道一切应该怎样，而且不放过任何一个机会去强调这一点。

作为教练，你可以接受并赞赏他们的建议，承认他们丰富的经验对团队的重要性。你要强调团队有不同的选择，每个人都在寻找为团队量身定制的、合适的解决方案。"无所不知"者们的建议可以和大家的建议一起接受检验。在这种情况下，尝试让他们继续参与，但要给其他人留出充分的空间去进一步发掘他们的想法和建议。

工作坊中的两个场景

下面是一位部门经理带领的工作坊中的两个场景。两个月前，部门里来了两名新员工。从那时起，团队的氛围变得越来越差。工作不像以前那样顺畅了。在一次部门会议中，团队决定要处理这个问题。

场景一：对工作坊的期望

经　　理　玛格丽特，你觉得工作坊结束后，会有什么不同？

玛格丽特　我不知道。大家都觉得我们应该开个会，这样我们才能更好地合作，所以我来了。我认同大家的想法。

经　　理　好的。那么接下来的两个小时，我们做些什么，你会觉得满意，觉得没有浪费时间？

玛格丽特　……嗯，我来就是因为大家都觉得我们应该开这次会。我是新员工，我也不知道我来之前的情况。我只希望不要开两个小时，因为我还有很多工作要做。我真的不知道这个会应该怎么开。

经　　理　我很感谢你的坦率。虽然你不是很清楚这个会有什么意义，也不知道会开成什么样子，但你还是愿意来参加。我可以感觉到你对团队的忠诚。谢谢你，我知道这对你来说并不容易。开会的过程中，如果你有什么想法，请说出来，不要犹豫。

场景二：一个小时以后

菲利克斯　我觉得我们的讨论太累人了。我们就在原地徘徊，什么都没讨论出来。这样下去，猴年马月也讨论不出什么结果。以前我们从来不用讨论这些，工作很顺畅，每个人都知道该做什么！

汤　　姆　菲利克斯说得对。我们能不能说重点，不要兜圈子，加快速度，好吗？我们的工作职责上说得很清楚每个人应该做什么，你就得照着做。

经　理	是的,菲利克斯,我看出来你有点失去耐心了。
菲利克斯	不,我没有。我只是想继续往前走,不想被困在死胡同里。
经　理	我们目前做的对你来说有多大用处,有多少效率,从1到10分,你会打几分?
菲利克斯	最多2分。
经　理	好的。会议结束后,我们应该达到几分?
菲利克斯	8.5分。
经　理	目前为止,我们谈话中有什么积极的地方,让你给它打到2分?
菲利克斯	玛格丽特和苏说了一些关于以前工作的事。这些信息是新的,也很好。探讨两个月以来什么已经步入正轨,也让我们前进了一步。
经　理	是的,我也觉得这有帮助。你有没有什么想法,我们怎样在接下来的半个小时内把分数提高一两分?
菲利克斯	……我们一直在说面对客户要有灵活性。我想知道每个人说的"灵活性"究竟是什么意思。"灵活"看起来到底是怎样的? 还有一点,如果我们有一张核心运作程序的流程图就更好了。我们可以稍后开始制作,一步一步整理出谁应该做什么以及衔接点在哪里。
汤　姆	是的,流程图的建议很好。那样我们就有书面的参照了。
经　理	其他人也同意我们讨论"灵活性"这个话题,然后讨论运作程序吗? 我想先很快地把我们刚刚讨论的话题收个尾。我还有两个问题要问,不会超过十分钟。可以吗?

7. 工具箱

A Look in the Toolbox

"知道一些问题,胜过了解所有答案。"

——詹姆士·瑟伯(James Thurber)

发现解决之道的问句

我们已经提及过多次,提问在解决圈中是一个最重要的工具。通过提问,我们将思考引导到发展解决方案的方向上。就像开展一项研究那样,怀着好奇心去进行是产生令人着迷的新发现的最好方式。副作用是,这意味着我们会不断拓展我们的知识。通常,我们都没有意识到自己在学习。

发现解决方案的问句可以分成不同的种类。此刻,哪一个问句最适合手头上的这个情境?一个非常简单的经验法则是:你的提问需要一个人花越多时间来回答,你越是有信心相信你问了个有效的问句。不要重新问或换个方式又表达一遍,那样会打断对方思考的过程。耐心等待,直到他发现并形成一个答案。

没有理由去害怕问句不适合或担心被误解。如果一个问句是不适合的，或不清楚的，正常情况下当事人很快会指出来。所以，锻炼自己的耐心，不要打断如此重要的发现答案的过程。这是新的洞察生成的时刻。有经验的教练会说，他们在这个"神圣的时刻"会默默地、慢慢地数到两百。如果数完了客户还是没有发现答案，只需简单地再从头开始数……

不过，其实有许多种不同的方式可以提问。有些问句是用来达成一个人的目标的。你可能知道在某些情境下，问句是用来威胁某人、让其难以回答的。解决圈里的问句绝不是为了问而问。问句是用来服务于这样的目标的：帮助当事人更清晰地定义目标，充分利用资源，并且设计出实施的具体步骤。

发现解决方案的问句以清晰、简明为最大特点。接下来，我们将把问句分为六种不同的类型，以帮助你扩充你的问句池，并能为每一个情境选择有效的问句。

类型1：问目标

当你与团队一起工作时，你不会对"现成"的目标感兴趣，而是想要那种根据你们的特定情境量身定制的和激发思考的目标。你沿着聚焦于你们的能量、达成你们共同的奋斗目标的方向前进。形成共同目标意味着创造一个你们都愿意归属其中的未来。

实践证明，投入足够多的时间去定义目标是非常有用的。你们谈论得越多，目标就越清晰、越重要。有一点很重要：在谈到未来的行为时，要非常具体。"更好的沟通"是一个含糊不清的目标。你们沟通更顺畅的时候，整个团队会有什么不一样？团队成员达到这个目标时，他们的行为是怎样的？其他人会如何注意到这些？整个团队达到这个目标后,会产生什么样的效果?

落实在具体而详细的行为上的目标才是定义得好的目标。

清晰定义的目标的特点:

» 目标要用内容、范围、时间段来界定。

"工作坊结束后我要得到两个在接下来的几周内可以去实施的措施,以便我们改进内部沟通。"

» 目标实施必须在团队的完全掌握中。

» 小目标比大目标好。

» 目标应该表述为某件事的开始(而非某件事的结束)。

"靠近目标"而不是"远离问题"。当你听到"我的老板不会再一直批评我"时,问"那他应该做什么来代替批评?"

» 目标的描述是对客户或团队行为的描述以及对其他人的反应(互动)的描述。

"假设你以后用这种方式行动,你觉得市场部会对这种行为做出什么反应?"

» 目标要看起来像个"奇迹",或至少是朝着奇迹发生的方向去的。有吸引力的目标才是能鼓舞人心的。

» 目标要具体,与行为有关。

"当你达成目标的时候,你确切地会做出哪些不同的行为?"

» 目标要把情境中不可谈判的(无商量余地的)那些要素考虑进去。

(资源来源:史蒂夫·德·沙泽尔)

如果你通过询问目标导向的问句从而成功地描绘了一幅引人入胜、激发动机的场景，你就已经掌握了核心的步骤：让对改变的渴望变得触手可及。

这一类问句通常带点假设。它们要求团队愿意带着他们的想法去"照亮"未来。你们一起演绎出这幅未来场景，并尝试各种可能的变体：探索未来行动的潜在影响。我们以这样的方式来支持做出选择，赞同或反对一项行动或一种行为。

有用的问句

» 确切地说，你们的目标是什么？

» 当你们实现目标时，什么会真的变得不一样？

» 什么会让你知道你已经达到目标？你会注意到什么？

» 假设你实现目标了，团队里的其他人会有何反应？

» 假设你达到了你的目标，那会带来什么影响？

» 你能想象你的目标画面吗？在那个画面里，你在哪里？其他的相关人员又在哪里？

» 假设手头的这个冲突解决掉了，你的老板接下来会处理的是什么事？

» 假设你的团队选择采用你的方式来推进这个项目，你们的客户会有什么反应？

类型2：有关通向解决方案的路径的问句

团队如何从今天所在的位置走向他们向往的目标？用关于通向解决方案的路径的问句，你可以找出从当下的问题情境走向目标情境的方法。可见的行动和行为再一次成为关注的中心。我们会问每一个人具体在做什么，这些行为的效果是什么。

在解决圈中，我们瞄准了"此时此地"的行为去提问，并询问在未来可发展的、供选择的方法。这样，我们就引入了塑造未来的可能性。找到目标并想办法达成，是一个刺激且令人兴奋的过程，因为通常，一个特定的行为并不能带领我们前进一步，而在会谈中我们创造了多种多样的机会和替代品，开启了全新的选项。

有用的问句

» 明天早上你可以开始做点什么，让你朝目标前进一步？

» 你可以怎样帮助其他人朝目标前进一步？

» 你能请谁支持你去实现你的目标？

» 有什么个人资源能帮你达到你的目标？

» 你的什么行为已经为解决方案产生了一点效果？

» 在此情景下，专家（或你的好朋友）会建议你下一步做什么？

» 其他人会注意到什么，证明你已经朝目标前进了一步？

» 你如何知道你又前进了一步？

类型3：关于资源的问句

团队遇到混乱情况是正常现象。混乱情况可以是冲突、问题或启动过快需要把控的变革进程。为此，团队面临着一次又一次发现能量、个人技巧和能力的挑战。如果团队意识到自身的优势且能够随意使用这些优势，就更容易重新建立富有成效的工作能力并取得成功。提问已存在的资源能帮助实现这一点。我们常常会再次发掘这些资源。

关于资源的问句使个体的技能和团队的技能一目了然。这些问句帮助我们发现自己已经意识到，或尚未意识到的已有优势。这些优势能支持团队一起掌控成功。团队成员经常会惊讶于他们在自己和他人身上发掘出来的这些技能，教练也常常感到惊喜。一旦你发掘了这些资源，重要的就是去强化它们，因为这些资源是可持续解决方案的基础。

询问亮点有助于发掘资源：问题不那么严重、不那么困难、不那么令人窒息时的例外情境，使人们容易找出"非常糟糕"和"还可忍受"之间的区别。通常，会有行为上的小迹象，虽然区别非常细微。通过这样询问，我们证实了这些例外并不是侥幸，我们每一个人都有能力去影响每一个情境。从这一层面看来，亮点是"解决方案的先兆"，因为，一个有吸引力的未来看起来是怎样的，这些先兆给出了具体的线索。

有用的问句

» 在过去的几周里，什么时候这个冲突或问题不存在，或者什么时候它不那么强烈？

» 你能详细地描述一下这些场合吗？到底有什么不同？

» 在这些场合里，你做了什么让情况变得不一样了？

» 相关人员会说什么不一样了，他们会说你做得有什么不同？

» 迄今为止，你是怎样成功地应对这个困难局面的？

» 你已经努力尝试了哪些解决方案？

» 是什么让你相信，变得更好是完全有可能的？

» 如果在这个困难情境中你做了某些正确的事，那会是什么事？

类型4：*刻度化问句*

使用刻度尺来增加问句的维度非常有效。尤其是在谈论沟通、灵活性、客户定位或领导力等话题时，刻度化问句可以有效地让通常难以描述的内容变得切实有形。此外，在你判断自己的位置时，刻度尺提供了阐明本质差异的可能性。以具体的措辞来讨论进展成为可能。尤其是软性的因素可以带入计算。在团队里，你还可以让彼此之间认知和评估的差异变得显而易见。差异看得见，并且能拿来讨论。

然而，刻度化问句的秘密，不在于刻度尺上数字的价值。正如我们已经提到的，数字总是非常主观的。因此，你不能用团队成员个体之间的回答来比较。秘诀是使用后续问句，以支持和强化未来导向的能量。

刻度尺问句使用举例

使用刻度尺有一些基本的步骤：

决定你的位置

» "在一个 1 到 10 分的刻度尺上，10 分是渴望达到的状态（难以置信的好），1 分是完全相反的状态，你认为团队在这个话题上处于几分？"

看向过去的技能和资源

» "所以你已经处在 X 分了（无论评分是 2 分、5 分还是 7 分），什么已经运转良好？"

这能使你发现过去成功的小秘密，也能使你增加信心，相信正向发展的可能性。

» "你们是如何成功地达到 X 分的？你们可以比这个更低的，但是你们已经达到了 X 分，这肯定与你们的什么能力和技能有关？"

这邀请你们去发掘微小的、不曾被注意到的资源，让优势变得透明可见，并且对实现你的目标有用。

使目标更加具体化

» "什么会明确地告诉你，你们已经达到了目标？你确切地会做些什么不同的事情？结果会怎样？"

用这个后续问句，我们的目的是找出团队每个成员在达到目标时会做些什么不一样的事情。这个提问创造了空间去设计清晰且有吸引力的未来画面。

聚焦于下一步

» "为了要在刻度尺上向前迈一小步,你可以做些什么?"

有意识地将注意力拉到用于改善的小步行动上。我们想要收集大量的想法,这样可以增加选择的数量。这样的结果是,你更加清楚你可以实际做些什么(有点)不同的事。反过来,这也提供了机会,让我们去设计有形的措施。

类型5:循环问句

循环问句帮助我们想问题时摆脱思维定式。这类问句帮助我们认识复杂的关系模式,此外,还能指出新的视角。循环问句厘清了多层级的脉络和环境,这些正是系统(团队)里的规则。没有被评判或报告的相关人员,只是被看作复杂的因果系统里的一部分。

循环问句基于这样的认识:真的没有所谓的"如果这样……就会那样"的解释。循环思维或链接思维替代了线性思维。几个人的行为因为各种相关性和影响,创造出了问题。使用循环问句,我们探索什么行动和行为之间有相互联系(比如:客户和项目经理),以及一个人选择改善自己的行为会如何为达成目标贡献建设性力量。使用循环问句你可以测试他们打算去实施的这些措施的效果。

循环问句向团队里的每一个人展示了他或她改善后的个人行为对团队绩效有着怎样深远的意义,证明了一个人的行为对其他人行为的影响。

有用的问句

» 你认为,关于你和你老板的冲突,你的同事 H 先生会对你们的同事 M 小姐说什么?

» 如果你的行为改变成这样,你觉得你的老板会对 CEO 怎么说?

» 如果你们用这种方式来实施这个项目,会给你们的顾客带来什么启示?

» 如果你在刚才我们所谈论的那个领域里承担了更多责任,你的同事和她的老板的关系会如何发展?

» 如果你和 S 先生继续就此话题进行大量不友好的辩论,会对你们团队的绩效有怎样的影响?

类型6: 奇怪的问句

这类问句包含着幽默感、创造力和乐趣。奇怪问句能激发思考,常常会对你的教练伙伴创造出短暂的刺激,还经常伴随着欢声笑语。在恰当的时机少量地使用奇怪的问句,可以产生令人惊奇的好结果,尤其是在冲突情境中。通常,团队在工作坊好几个月之后还能记得这些问句,因为它们很奇怪且激发了思考。

使用这些问句时有个要点:我们需要预告这些问句。你可以先征求团队的同意,允许你问这样的问句。(到目前为止,工作坊有帮助吗?我们是否在正确的轨道上?我有个问题,它可能乍一看有点奇怪,但是却是我用过且体验非常好的,你们觉得我可以问你们这个问题吗？）预告这个问句会赋予它一种特别的重要性。

奇怪的问句其实并没有什么秘方。你会想到一个，或者没想到。如果正好有一个问句冒出来，那就可能是个有用的迹象。奇怪的、激发思考的问句会带来对现实的新的关注点。它们可能让物体说话，把抽象的概念拟人化，或是整合了非常迥异的、神奇的图像。

有用的问句

» 你的电脑会如何知道你已经达成你的目标了？

» 你日常生活里的什么物件会帮助你以更冷静、更具目标导向的方式去引导会议？

» 在下一次项目会议中，你如何知道你没有把冲突带进房间？

» 假如下次登山旅行时，你来到一个湖边，你把所有内疚的感受绑到一块大石头上，并且把这块大石头永远地沉到湖底，那时什么会发生变化？

» 假如你们的团队规则会说话，它们会说，它们在这个会议里被执行得怎么样？

» 有一件事很有意思：你可以怎样让这一切变得更糟糕？

共性特征

发展解决方案的问句可以有很多选择和搭配。一个问句是否有用或有帮助，通常在客户或团队做出反应时，答案就很清晰了。有用或有帮助的问句具有以下的共性。

» 它们是开放式问句。这些问句不能用"是"或"否"来回答,但是能为对话打开空间。它们要求提出问句和回答问句的人进行思考并形成新的视角。发现解决方案的问句扣动思考过程的扳机,有助于开发客户量身定制的解决方案。所有回答都是正确答案,要增加选择,不要去限制选择。

» 它们不是引导性问句,引导性问句总是给客户限定了答案。如果你使用引导性问句,你就下意识地把自己关于"对""错"的价值系统传递给了客户。引导性问句在某一方向(我们的方向)上以他人的思想为指导,是用来说服他人接受某种观念的操控性问句。比如,"B先生,难道你不认为在这种情境下最聪明的做法应该是……"或者"但毫无疑问,你不会听任摆布去接受……"而解决圈只是提供了一个框架,在这里,团队所有成员的意见都被接受、尊重。只有这样才有可能发展出为他们定制的结果,而不是为教练或经理定制的结果。

» 问句首先要聚焦于可观察的行为,而不是一般概念。如果我们是在谈论更好的沟通,成功、明智的领导,更多合作等,我们感兴趣的是当情况变好的时候,团队每个个体真正会做什么。区别到底在哪里?团队如何知道合作改善了?通常,每个人描述的文字和概念都不一样,而其他人真正理解的是别的意思。因此,重要的不是标签或概念,而是与每个人相关联的具体行动。只有那时，改变的过程才变得鲜活起来，与团队的日常生活相关，否则，你就常常卡在好的意愿和空洞的语言里。

用于反思的暂停

教练自始至终带领会议。他在为工作坊提供指导的同时，也陪伴团队并关照每个人，包括他自己的情绪。他通过提问，尽可能直接地带领团队去达成他们渴望的目标。

在工作坊中插入短暂的休息，提供了一个机会去反思过程，帮助评估已经实现了什么，并计划下面的步骤。需要、愿望，甚至是恼火，并不总是能从外部被识别。所以，我们在做什么？问问你的员工，到目前为止，会谈对接近目标有什么贡献。询问过程进展如何，这样的问句会打开会议接受反馈的空间，并帮助我们走向正轨。

这些暂停也为我们与那些挑剔的团队成员提供接触的机会，并且提升他们对解决方案的责任感的接受度。

有用的问句

» 到目前为止，我们所做的对达成目标有怎样的帮助？

» 比如说，我们在工作坊开始时在目标上达到 1 分，我们瞄准的目标是 10 分，现在我们达到几分？

» 截至目前，在这一点上，什么是有用的？

» 你们认为，今天我们实际可以达到哪里？

» 要达成那个我们需要采取什么步骤？

沉默与专注意识

或许，此刻提及沉默与专注意识有点不太寻常。然而，就如同音乐主要由停顿组成，使用解决圈时，片刻的沉默非常重要。有意识地选择等待、安静地聆听、有意识地觉察和陪伴客户，允许沉默发生意味着接纳以及整合被动性与内在反思。保持安静且轮流说话通常看起来很自然，但是如果你知道在许多公司里沟通有多么忙乱，你就会懂得欣赏这种暂停。沉默也与允许事情发生有关，离开行动的压力，让事情浮现。经理们特别想要控制每件事，这也是为什么他们经常失去控制。经验显示，在你几乎要放弃之后，在你观望、等待的时候，最佳的解决方案就开发出来了。

照亮微小的成功

解决圈带来的变化过程建立在以前的成功和现存的资源之上。教练的任务是仔细观察能力和技能，谈及它们，并为它们贴上标签。重要的是，更多地聚焦于成功，哪怕它们开始是那么的令人难以觉察。

本·富尔曼，来自芬兰的一位解决导向的治疗师加教练，开发了一种简单但有效的工具。他把它叫作"三重赞美"（the Triple Praise）。三重赞美包含了三个元素。第一个元素叫作"感叹神奇"（the

Exclamation of Wonder），通常就是一个包含了"哇哦！"的发声，后面再跟上这样开头的一句话："过程中令我印象深刻的是……"

三重赞美的第二个部分叫作"陈述困难"（the Statement of Difficulty）。在感叹神奇之后，你要说要成功地做成那样的事情有多么困难、多么艰辛。我最喜欢的陈述困难的句子是"那可不容易啊"，但你也可以尝试别的变体，比如，"我可做不到那样"或者"不是每个人都能做到的"等。

三重赞美的第三部分是一个问句，称作"归功问句"（the Interrogation of Credit Question）。这是个简单的问句，目的是发现如何实现成功。我最喜欢的一个"归功问句"是"你是如何做到的"，但是有创造力的赞美者有许多其他选择。

在练习中，报告如何成功的这个人体验了三重赞美，然后用"分享功劳"（Sharing Credit）去回应"归功问句"。这意味着他们的谦逊和大度，然后把成功的功劳分给想起来的任何人。实际上，他们会说诸如"如果没有谁谁谁的帮助（或支持等），我这事就成功不了"。

但是，这个练习到这里还没完，还有最后一部分。这最后一部分叫作"回认可"（Backcreditation）。是的，你没读错。不是认可，而是回认可。回认可是一个新造的词，指的是把功劳回归于真正的所有者。你可以用许多方式来表达回认可。我最喜欢的一句是："你那样说真是太好了，但是我确信你自己在其中也做出了贡献！"

（资料来源：the Solution-L listserv 29 August, 2002）

8. 保持进展

Keeping Things Going

"意识在哪里,学习就从哪里开始。"

——蒂姆·加尔韦

你只有在团队离开会议室,回到工作中时,才能判断在混乱情境中的努力是否成功。为了让团队能最大限度地按计划改变,至关重要的是着手于日复一日的工作。这个过程需要在日常生活中持续进行,有各式各样的方法可以采用,关键是去留心观察并点评那些细小的改变和成功。如此一来,团队成员将获得鼓励,新的行为将得到加强,进步也将清晰可见。

提早思考那些能够证明进步在持续的方式是非常有用的。下面你将看到一些案例,它们是不同团队和部门认为有用的例子。

庆祝进步

进步海报

某个大城市行政管理机构的税务部的几位员工之间不愉快的氛

围已经持续了一段时间，让整个部门都很纠结。为了维持略有改善的合作进程，这个团队决定在通向各个办公室的走廊上张贴一张大海报。在这张海报上"进步"的大标题下面，根据他们一致同意的衡量标准，每名员工写上他们观察到的进步和成功。两周后，他们在部门会议上讨论海报上的内容，再基于他们观察到的进步去规划接下来的行动。

问卷调查

一家保险公司的销售人员被派驻到不同地区。为了让他们的发展过程持续下去，他们决定每周四以邮件的形式发送一封调查问卷，邮件里包含三个提问：

» 你是否注意到Y项目在过去几天内的改善情况？如果有，改善是什么？

» 你为改善贡献了什么？

» 你希望别人再多做些什么？

与支持者会谈

一家建筑公司的核心团队有九名成员。在解决圈工作坊中，他们决定每一名参与者都要为实施阶段找到一位外部支持者。支持者可以是同事、外部教练或知识渊博的熟人。他们每个人都要和他的支持者进行两次谈话，在第二次谈话中必须明确地谈及他们的具体进步。

在部门会议上使用刻度化舞步

某成人教育学院的领导团队为他们的合作设定了四项基本原则。他们的会议文化被认为不够高效。他们决定在会议上使用刻度化舞步来检视他们的进步。

» 关于我们的基本原则的执行情况,现在我们在几分的位置?

» 我们如何意识到有用的改变?

» 我们接下来前进的小步行动是什么?

项目会议

银行的一个项目团队决定在下一次会议上把他们计划好的措施写在白板纸上张贴出来。作为议程的固定项目(不是在会议结束时),他们要检查一遍个人的措施并详细讨论。他们要讨论已经实施了哪些,交换成功故事,决定在哪里需要进一步行动。

用调查进行额外强化

外部教练有时会面临这样的问题:我使用的工具是否确实能在团队的日常生活中产生作用?

有一项研究调查已被证实是有用的:在第一次工作坊的数周后,要求团队成员回答他们为解决圈所做出的可见的改变。找出在日常工作中发挥作用的那些事情，是非常令人兴奋的。

你可以雇用外部机构与每名团队成员进行二十分钟的电话调查。这样做不仅可以让调查为外部教练带来重要的信息，同时还对团队的进程起到建设性的影响。通过回答电话调查中的提问，团队成员个体获得额外的机会去反思工作坊的效果，并且从中学习，反过来又加大他们的投入。

电话调查的双重优势在于，我们了解了自己的工作，这对我们设计将来的工作坊非常有帮助。同时，我们又能强化团队改变的进程，不用多花时间就能保持持续进步。

调查的框架

总体而言，调查访问要由第三方专业机构进行匿名录音。通常，录音仅仅可供外部教练所用。事先与团队的每名成员预约访问时间，每名成员都应该有二十分钟不受打扰的时间来接听电话。在工作坊结束后的两到三周内进行这个访问最为有效。

成功故事

我们假设从成功中学习要更为容易，因此我们在访问中聚焦于已经发生了什么正向的改变。我们对那些大大小小的成功故事以及团队是如何实现成功的感兴趣。客户有时会要求外部教练在团队教练结束时提交书面报告，访问中收集到的成功故事就为这样的进步报告提供了很好的基础。

调查时可用的提问

» （关于 X 话题）自从上次工作坊以来，你注意到了哪些正向的改变？

» 团队里的另一名成员会说你做出了什么贡献？

» 总的说来，对于团队的建设性合作，这个工作坊有多大的帮助？（在 1 到 10 分的刻度尺上，10 分＝超越你的期待；1 分＝完全没用！）

» 解决圈工作坊中的哪些元素在实际操作中最为有用？

» （如果计划中还有下一次工作坊）你特别希望下一次工作坊中有什么？

案例

一个十五人团队的一日工作坊结束的三周后，所有团队成员都被问到工作坊的效果如何。以下是从访问录音中摘录的一段：

自上次工作坊以来，你注意到什么正向的改变？

团队领导　　确切地说，我们对彼此更加关爱和诚实了。对我自己而言，我兑现了我的承诺，并且对以前我通常自动做出反应的那些情境进行了思考。既然我是团队的领导者，我也有责任塑造我想要鼓励的那些行为典范，而且

	由于我意识到了这个事实，我就做出了相应的行为。
团队成员甲	每次开部门会议之前，我们都会在一起喝咖啡。我们发邮件通知谁带饼干、谁带三明治等等，每半个月我们就这样搞一次。这些非正式聚会为我们营造了良好的氛围去朝着目标前进。用这种方式，我们也获得了一个在问题之外的会议环境。以前我们只在出现问题的时候才开会，现在我们开始更多地了解彼此。
团队成员乙	我们对待彼此的方式、说话的语气等都很正常。只有少数人跟另外一个人有点矛盾。

团队成员会说你做出了一些什么贡献？

团队领导	我想其他成员也意识到了这个改变。我意识到，我的新行为被他们注意到了。我认为他们会说我更加开放了。伴随着新的指导，我首先整理我自己的思路。我想，他们会说我更直接地接触他们，更少把自己藏在办公室里了。
团队成员甲	你可以看到我的乐观——我的杯子是半满的。尽管"达摩克利斯之剑"（the Sword of Damocles）还悬在我头上，但我看起来更有动力了。我大声地笑，有时还会开个玩笑。以前我是不敢这么做的。
团队成员乙	我现在很努力地工作，以便让事情运作得更为顺畅。我认真负责地使用待办事项列表工具。

总体而言，团队工作坊对打造团队合作有多大的帮助？（在 1 到 10 分的刻度尺上，10 分 = 超越你的期待，1 分 = 完全没用）

团队领导　　5 分。这花了点时间，不过现在确实有点进展。自从我们能够解决很多冲突，气氛轻松多了，而且我们现在能够看到部门的共同目标。实际上，我本来甚至会打 7 分。但是，有许多困难不是这种教练能解决的。很多需要由高层管理决定的战略事项也必须改变。

团队成员甲　8 到 9 分。至少我们有一个论坛可以一起讨论事情，不用有一些个人的担心和困扰，还能达成共识。现在，我们可以看到元层面。此外，我们对自己在整个组织中的角色看得更清晰，这激励并帮助我们看到，我们的问题是相互关联的。让我觉得兴奋的是，工作可以轻松地落实，甚至马上就可以。

团队成员乙　8 分——事实上，我愿意打 10 分。虽然它在技术性事务上没有运转得那么顺畅，但在人际关系层面是非常有用的。不过，人际关系层面更为重要，我认为我们从这次教练中获益匪浅。

在实际实施中，解决圈工作坊的哪些元素是最有帮助的？

团队领导　　很明显，是未来的理想状态。对理想状态最初只是一瞥，然后突然你的理想变得触手可及，你发现了那些通

团队成员甲	向目标的步骤，接着，嘿，它们变得切实可行了！ 看向未来：五年后的一天。对我来说，这是个全新的方法。我认识到几乎每个人都难以放下今天，难以放下问题去积极地看向未来。对我而言，这是跳出系统的必要一步。
团队成员乙	切换到解决方案层面，帮助我们放松下来并把视角转向什么是可能的。（最后他说，哇，有好多改善的潜力！）

你们在团队中讨论事情的方式有变化吗？什么让你注意到这个差异？

团队领导	人们愿意顺其自然。即便不是每件事情都已经好转，但他们能够正常地沟通，也愿意合作。事情就是如此简单地变得轻松起来。
团队成员甲	今天早上的会议上，尽管风险很高，每个人都表现得很好。大家彼此听对方讲完话，比以前好很多。
团队成员乙	气氛非常不同。这个周一的会议跟我们以前的会议不可同日而语。讨论处于更高级的层面，但我们也意识到有退回到旧习惯的风险。我猜想，在以前开会的同一个房间开会，不是一个尝试新开始的好办法。如果外部环境改变了，人们扮演新角色也会更容易些。

你觉得外部教练的什么特质特别有帮助？

团队领导	他听得非常仔细。他不光是扔给我们一个解决方案。他的想法和思考非常周全,而且与我们都有关。他有能力把重要的和不重要的区别开来。
团队成员甲	他问"你的贡献是什么",而且他特别坚持。他坚决又优雅地停留在目标上。没有什么能让他偏离目标。
团队成员乙	他非常中立(团队成员乙非常欣赏他们达成的一个协定,就是如果小组发现教练有偏见,他们要让教练知道,但是最后发现没有必要)。他不带评判,认真倾听,冷静且表示出对大家的兴趣。他对如何找到答案有清晰的概念。

召开后续工作坊

通常,召开一个较短的后续工作坊是保持进步并放大进步的方法。在两三个小时里,团队一起交流他们取得的进步,阐明还有什么是需要明确的,并决定接下来的步骤。

在后续工作坊中,你通常只需要解决圈的以下元素。

亮点:自从上次工作坊以来,有了什么改善?

刻度化舞步:团队今天在几分?团队是如何达到这个分数的?

步骤:接下来的步骤是什么?我们如何让进步持续下去?

个人任务:每一名团队成员需要聚焦于什么?

后续会议可能的议程

目标

» 我们要发现自上次工作坊以来哪些已经改善了。

» 我们要清晰是哪些才华和技能帮助我们走到现在。

在工作坊结束后，团队知道我们处于什么位置，哪里需要改正和调整。

导入

» 阐明工作坊的目标。

» 记得我们的协定（阐明框架——合作的规则）。

» 任何其他必要的准备。

亮点

» 自上次工作坊以来，什么变好了？（收集个人清单或者小组一起）

» 照亮资源：我们是如何做的？什么或谁帮了我们？

» 什么起效了？

» 还有什么改善？

» 还有呢？

刻度化舞步

照亮进步

如果我们使用熟知的刻度尺（10分代表理想的未来，1分代表相反的情况），每个人现在处在什么位置？

参与者在刻度尺上进行评估，因此评估可以用问句来核实，每个人都明白他们的意思：

» 在通往X的道路上，你们已经取得的重要里程碑是什么？

» 现在你们正做得更好的是什么？

» 未来要继续保持的是什么？

» 从我们之间的不同观点中，我们可以学到什么来供未来借鉴？

衡量信心

» 对我们团队能继续保持成功地向前，每个人的信心有多大？

» 在X话题上，达到几分你们会感到满意？

» 对于达到这个分数，你的信心有多少？

» 信心来自哪里？

» 是什么让你如此确定？

» 你需要什么让你更有信心？

设计下几步

在这个节点上,重要的是一起决定接下来最好采取什么步骤,要继续什么步骤,要设计什么新步骤,要如何确切地着手去做。仔细检查这些措施如何有用。他们需要精确地达成什么?我、团队、团队外的人如何判定这些措施成功了?

收尾

在这个过程结束时,我们需要找出每名团队成员需要什么来保证事情确有助益,并且能执行达成共识的那些措施。有时,什么也不需要;在另外一些情况下,除了已经讨论过的内容,团队额外提供具体的建议会很有帮助。

团队日常工作中的解决方案冲浪

"欲变世界,先变其身。"

—— 莫罕达斯·甘地(Mahatma Gandhi)

解决方案冲浪的目的是让团队工作变得简单且以目标为导向。解决圈的每一个单独的元素都可以作为有效的工具整合到领导力中。这样,你可以把解决方案导向和资源导向的工作原则整合到团队日常生活中。

员工评估中的刻度化舞步

弗兰克在一家大型银行担任控制部门的经理好几年了。他希望能够在关于软技能的对话中通过引入不同的刻度尺来提升员工的社交能力。营业额、销售指标,或项目完成按时率这类定量评估相对来说比较容易客观地衡量。而合作、灵活性、创新能力等软技能,则可以用刻度尺将其变得清晰可见。

» 在一个1到10分的刻度尺上,你如何评估你在项目中的领导力表现?

» 你具体做了什么可以达到这个分数?

» 去年,你的领导力在几分的位置?

» 你想把你的领导力提高到几分?

» 当你达到这个分数时,你的做法会有什么具体的不同?员工会如何知道?

» 朝着你的目标分数前进,你首先要采取的一小步行动是什么?

简单的数字就可以帮忙定向,使软技能更为具体。刻度化让清晰地定位成为可能,并使得我们有能力去照亮进步、形成目标。

设立协会的理想未来

彼得和他的两个朋友想建立一个协会,以便组织面向观众的全国性大型活动。当他们三人第一次坐下来讨论时，他们同意来一次小小的角色扮演：他们想象这次会议发生在协会成立两年后。他们在想象中"搭起了未来的横梁"，交换了他们对未来已经实现了什么的看法，以及在虚构的董事会上他们看到了哪些问题。

这三位找到了一种令人愉快的共事方式。此外，他们每个人都描述了一个具体的画面。这些画面展现了他们希望从这个协会中获得什么，核心目标是什么，什么让他们有信心去达成这个目标，也显示了他们在哪里可能会遇到障碍。除此之外，他们也清楚了每名成员的动力所在以及他们热衷的事情。

这样，三个伙伴就可以计划接下来的行动，并着手应对那些细节。

以未来的视角来讨论过去的项目活动，明晰了我们对目标的想象，打开了我们的思路。这个现象来自体育界：顶级运动员打赢多少场比赛，几乎都在脑海中预演过。马拉松选手通过想象他们冲过终点线来支撑自己跑过最艰难的时段。他们想象自己置身于完成赛事时，听见观众的欢呼声，在终点线热情地挥手致意。这种愉悦和满足感驱动他们继续向前跑。无疑，这样做比把注意力放在疼痛和疲惫上要有帮助得多。让自己被渴望的未来引领，是做项目和活动的一个很有用的起点。

部门会议中期待的目标

IT 部门的一帮专家同意用部门会议的一半时间来做开放会议。每个参与者都有机会提出对自己很重要的话题。引导语是这样的："要让我值得花时间来开会，本次会议中需要讨论或决定什么话题？"

达成共识的过程包含两个步骤。

第一，如果你想要其他参与者讨论你的话题，你要用两句话简短介绍一下，并说出你希望在讨论结束时达到什么目标。此外，你可以提出你希望花多少时间来讨论此话题。

第二，所有话题和所需时间都记录在大白板上，并投票选出优先顺序，每名成员可以投三票、两票或一票。

项目会议中解决方案导向的问句

戈登是一名外部教练，他带领了当地政府部门的一个大型IT项目团队。项目团队包括本地员工、外部软件供应商和未来新软件的用户代表。自从戈登发现解决方案导向的问句能节省大量时间和精力，他就一直使用这些解决方案导向的问句。

供应商	我抱歉地说，因为我们的测试人员生病了，而其他人又抱怨他们在超负荷工作，所以我们还没能测试完成软件的第一个版本。另外，截止日期的通知也来得太晚。
戈　登	本来的计划是今天完成第一阶段测试，你能告诉我什么时候能完成这个测试吗？
供应商	这个很难说。我们老板说这个不是很紧急，而且我也说了，最主要是我们的同事生病了。
戈　登	好的。你需要我们提供什么，好让你完成测试？
供应商	其实没什么需要的，我们得靠内部来解决这件事。
戈　登	同意。那么，你们什么时候可以完成测试？给我一个现实

点的估计。

供应商　我们应该会在十天内完成。

戈　登　我相信你。那么你们会在 14 号完成。这对项目的其他部分来说意味着什么？

戈登完全聚焦在我们想要什么上。在这个讨论中，没有"为什么"这个词出现。同样，他也没有对那个关于"截止日期通知得晚"的温和责备做出任何回应。他不断地聚焦于解决方案，然后检视新建议的效果。在每个项目中，都有无数的理由证明为什么有的事情没有按计划发生。如果你停留在解决方案层面，你可以节省大量的时间。此外，戈登拒绝为这部分项目负责，只是简单地期望每个人都能承担起自己的工作，并为自己的问题找到解决方案。

在变革与发展进程中运用解决圈

一个市场营销专员的团队使用解决圈的元素来发展团队。有两位新成员刚加入这个团队两个月多一点的时间，需要适应。另外，整个市场营销团队需要重组。

这个团队在他们的第一次工作坊中使用了以下元素。

期待和目标

我们今天期待达成什么？我们如何知道今天已经达成了目标？

亮点

我们已经成功做到的是什么？我们在未来还会继续做的是什么？

未来的理想状态

我们团队在六个月之后看起来会是什么样？那时候，我们会在做什么？我们会如何描绘那时的成功？

步骤

能帮助我们迈向未来理想状态的第一步具体行动是怎样的？

为了保持持续的进展，这个团队同意：

» 每个人都跟营销业务领域之外的某个人谈一次话，以获得对他们所讨论的话题的批判性意见。
» 两周后，他们要开一次单独的会议来报告上述意见。
» 在咖啡间张贴一张大海报，列出实施这些措施的中间步骤。

在第一次工作坊的四周后，这个团队举行了第二次会议。他们用这个问句开场："在过去的几周里发生了哪些事情，带领我们走在我们想象的未来方向上？"

开始部门会议

一组咨询顾问和一群求职经理以两个标准问句开始了他们的周例会：

» 我上周工作的亮点是什么？

» 我们如何利用这些发现来持续优化我们的咨询顾问工作？

学校教师休息日的一幕

年度务虚会的第一天上午被称为"回顾与展望"。团队领导在一大张纸上画了一个 1 至 10 分的刻度尺。每位教师都在刻度尺上找一个最能描述他们此刻位置的分数，放上一个圆点；第二个圆点放在他们愿意达到的分数上；第三个圆点放在去年发生的让他们感觉比现在要好的某个时刻的分数上（他们去年的亮点）。

他们以小组为单位，交换彼此对以下问题的看法：

» 此刻是什么帮助我站在 X 分上？还有呢？

» 在我的亮点上有什么不同？我当时是怎么达到这个分数的？

» 我能做些什么让我能靠近我想要的状态一点点？

结束时，团队领导提出了一个非常简洁的个人任务。她让每名团队成员预测一下，他们在四周后可能在刻度尺上的什么位置。他们会如何知道自己处在预测的分数上？他们的同事们会注意到什么？

每一名成员都写下了对这些问题的回答。四周后，在他们的常规教师会议上，他们检视了这些预测成果，并交换了意见。

运用团队教练的基本架构

一座大城市的税务管理部门面临"氛围差"的问题。这六个女人的工作成果很棒,然而,她们中的大多数人都认为工作氛围不好。这个团队聘请了一位外部教练。教练是这样设计流程的:

首次工作坊 4小时以及结束后的晚餐	·阐明框架与合作的规则。 ·形成目标并具体化。 ·识别热点话题,建立利益团体。 ·刻度化舞步:定位。 ·利益团体的未来理想状态。 ·设计最初行动的小步骤。 ·观察任务。
电话访谈 第一次工作坊的三周后	与每名团队成员进行电话访谈(约20分钟): ·你注意到哪些积极的变化? ·有什么早期的成功? ·你贡献了什么? ·什么能帮助你持续在同一条轨道上? ·刻度尺:第一次工作坊之前在几分的位置?今天在几分的位置?有什么区别?
第二次工作坊 大约在电话访谈的两周后 时长:4小时	·过去这两周的亮点? ·刻度化舞步:定位今天,什么起作用了? ·设计额外的措施。 ·短暂休息:团队还需要别的什么? ……

9. 外部顾问
External Consultants

"你无法教会一个人什么;你只能帮助他从自身去发现。"
——伽利略·伽利雷(Galileo Galilei)

雇用外部顾问：经理的视角

在某些情况下，请教练或顾问来解决团队内部的问题是合理的。当冲突涉及经理本人时，请外部人士来协助，对大家来说更轻松。局外人可以帮助团队阐明矛盾，或应对剧烈的变化过程，尤其是在初始阶段。外部教练让大家更有安全感。随着时间的推移，团队自己解决问题会变得越来越容易，不再使用聚焦问题的思维模式。

也有一些表现很好的团队每年会邀请他们信任的教练一到两次，以从不同的视角来看待事物，并让未来发展的脚步更明确。

总的来说，可以在以下情况下雇用外部教练：

» 启动(变革)程序时；

» 如果经理和团队无法同时把握方向和参与过程；

- » 如果经理在困难或令人尴尬的冲突中扮演了重要角色；
- » 如果工作中掺杂了太多个人情绪；
- » 如果整个团队都陷入了困境；
- » 如果同样的问题反复出现；
- » 为了减轻经理的压力；
- » 想从外部视角看进展。

外部教练能实现什么

没有教练能使一个团队成功！团队只能自己取得成功。团队的工作内容不是教练的主题。团队成员间的合作过程才是教练的主题。教练提供一个框架，使大家得以进入一个目标导向的对话。

教练的重要输出

- » 询问许多目标导向的问题；
- » 观察在工作中，团队成员间发生了什么；
- » 创造新的看见可能性的方法；
- » 与团队一起定义具体的目标；
- » 选择最好的措施和干预，使团队得以实现他们的目标；

» 检验团队是否在通向定制化解决方案的轨道上；

» 激发新的思维模式。

教练绝不会

» 担任领导角色，但是会帮助管理者和团队成员；

» 因为团队的错误而指责他们，而是帮助他们发现自己的优势；

» 代替团队做出决定，而是为他们铺平道路；

» 干涉工作内容；

» 让团队依赖自己，而是鼓励他们独立于外部的帮助。

一位好的教练是善解人意的。他可以提供丰富的经验、专业的知识和焦点解决的方法；团队购买的正是他的这些能力和经验。在很多阶段，局外人对解决混乱的局面非常有用。但是最终，每个团队要具备必要的能力和活力，来自己解决这些问题。

从接触到合约：外部顾问的视角

"通过提问来引导"

电话响了，一位潜在客户询问我们是否能够提供帮助。她正在寻找一位外部教练，去和她的团队一起设计一个工作坊。通常是这样开始的：首先接触一下，然后下一步是达成合作协议。

外部教练被请到一个团队时，他面临的是一个全新的世界。他不认识其中的角色，不知道他们的过去，也不知道他们的工作和交流方式。他对环境和团队先前为了寻找解决方案所做的努力一无所知。即使首次接触和后续的交流做得很好，他对于很多事情还是不清楚。这就是为什么我们不太去分析问题，而是尽快、尽可能明确地聚焦于目标。重要的是，就当前的任务，经理（负责请教练的经理）和教练能彼此理解。有些公司在表达他们期望有哪些改善时比另一些公司更清晰：他们常常知道哪里需要改善，也常常不知道。

这就是为什么开发解决方案的问句在第一次谈话阐明现状时很有效。他们旨在获取信息、明确目标。同时，你在创造新的认识：不仅问问题的人获得了更多信息，回答问题的人同样获得了更多信息。

首次会谈中的问句类型

开发解决方案的问句

» 你想开发什么样的解决方案？你的目标是什么？

» 怎样你会觉得这次咨询是成功的？

» 你或其他人会从一次成功的咨询中获得什么？

» 如果这次教练非常成功，确切地说，会产生什么变化？

» 还有呢？

……

关于公司的问句

» 总的来说，公司运行得怎么样？

» 你们的组织结构是怎样的？汇报结构是怎样的？

» 团队负责什么？

» 为什么需要进行这次教练？

   ……

关于资源的问句

» 最近团队取得了哪些成功？

» 其他团队、其他同事或顾客会觉得什么是团队的特殊优势？

» 你对你的团队有什么特别欣赏的吗？

循环问句

» 你觉得你的老板怎样看待你的部门？

   ……

关于中立的问句

» 你觉得教练或顾问应该扮演怎样的角色？

» 教练可能会在什么情况下失去他的中立性？

   ……

亮点

» 过去什么时候,情况比较好?

» 情况比较好的时候,有什么不同?

……

首次会谈中的障碍

首次会谈会出差错,可能会突然发生。下面的这些做法更有可能让你的首次会谈出现问题:

» 戴上专家眼镜,一眼看出什么是对客户好的。

» 一有机会就称赞自己的想法。

» 未征求许可就问客户问题。

» 让对话漫无目的地流动。

» 让双方都感受到时间压力。

» 承诺成功并为此负责。

» 进行得太快。

» 忽视你的身体给你的信号。

» 还不知道接下来要做什么,就结束对话。

» 让客户决定如何设计工作坊。

» 首次会谈带太多东西，比如装有展示资料的文件夹、笔记本、投影仪、数据线和抢眼的公文包……

» 回避费用问题。

（来源：W. Geisbauer, *ReTeaming Handbook*）

理想的首次会谈

没有理想的首次会谈，因为每位客户都不一样，每次会谈都不一样。重要的是，教练知道在首次谈话的任务上，他要做些什么。把谈话分为以下几个阶段会有帮助。

介绍话题，阐明状况

在这个阶段，由客户来讲话。教练提问，记录重要信息，试着理解客户。

采访

在这个阶段，教练首先要征求客户允许，能否问几个问题。接下来要弄清楚几点：

» 阐明现状（团队的职责范围、组织结构等）。

» 开发解决方案的问题（阐明目标、资源等）。

客户希望对教练有哪些了解?

在这个阶段,教练给客户机会提问,了解自己的背景、学历、经验、能力证明等。

» 你还有其他想知道的吗?

» 还有什么我忘记提到的吗?

明确组织工作的问题

» 第一次会议何时何地举行?

» 应该邀请哪些人来工作坊?

» 怎么通知团队?

» 多久见一次面,每次多长时间?

» 费用问题。

明确后续步骤

» 各自的职责是什么?

» 接下来的步骤是什么?

首次会谈需阐明的事项清单

客户有没有制定清晰的目标？是否双方都接受这个目标？	
客户期望从一次成功的咨询中获得什么？	
教练成功与否的标准是否清晰？	
我们知道了团队的哪些资源？	
回首过去，团队有哪些成功经验？	
客户为寻找解决方案已经做了哪些尝试？	
这些尝试有多成功？	
工作计划定了吗（时间、时长、日期……）？	
参与者将会如何被告知有关咨询的事宜？	
费用清楚了吗？	
教练感觉客户及各自团队是否有自主权？	
有没有书面的合作协议，其中包含了一般商业条款（取消程序和补偿金）？	
是不是所有事情都很清楚了，教练可以开始积极准备了？	
教练是否知道自己想从这次工作中学到什么？	

尾　声

　　这本工具书的结尾也是一个新的开始：你开始以独特且非常有个性的方式使用解决圈的每个元素,你的解决方案冲浪开始了。

　　作为领导者,你面临的挑战是放弃你习以为常的领导角色,去尝试一些新的东西。使用发展解决方案的工具需要好奇心。当你开始使用这些工具时,你需要对日常生活里的情境感到好奇,并且多多练习。

　　从今天开始,你可以从几个简单的发展解决方案的问句开始,观察它们是如何起作用的。这样,你能持续地获得自信和宁静。我相信你将经历许多成功,无论成功或大或小,你将为你的团队绩效做出至关重要的贡献。

致　谢

我不知道独自写一本书是否可能。于我而言,我非常感谢一些人的支持。我借鉴了一些焦点解决人士的经验和知识:茵素·金·伯格、史蒂夫·德·沙泽尔、索尼娅·瑞达兹、尤尔根·哈金斯、本·富尔曼、蒂姆·加尔韦。他们的书籍、文章和研讨会给了我信心继续写作,并完成这本书。首先且最重要的是,我要感谢彼得·邵博,是他打开了焦点解决教练工作这扇门,并以极大的信任支持我进行长期研究。我也要感谢卡蒂·汉科夫斯基(Kati Hankovsky)、菲利普·欧斯里(Philipp Oechsli)与罗米·斯托布(Romi Staub)的支持。

乔治·迈耶作为写作教练陪伴着我,我很高兴他提出了那些具有批判性的、敏锐又翔实的反馈。

克斯滕·迪尔洛夫(Kirsten Dierolf)以及珍妮·克拉克(Jenny Clarke)使这本书有了英文版。感谢他们细致入微的翻译及调整。

最后但同样重要的是芭芭拉(Barbara)、蒂尔(Till)和雷斯(Res)。在集中写作的日子里,他们给了我空间。感谢你们所有人!

一个小游戏

最后,我想留个小游戏给你。你需要两个小物件(比如硬币或者木头珠子)以及一些好奇心。通常我会在研讨会上使用这个游戏,因为它不仅很有趣,还能向你展示在解决方案冲浪时相当有用的基本技能。玩得开心哦!

安娜追赶莫(一条更从容的路径)

游戏目标:

如果安娜能在七轮之内到达莫现在所处的位置,就算安娜赢了。

规则:

1. 安娜先走。

2. 安娜和莫轮流走。

3. 安娜和莫只能沿一条线走到相邻的一个位置。

4. 安娜和莫都不允许跳。

(提示:如果安娜非常聪明,莫是没有机会胜出的。)

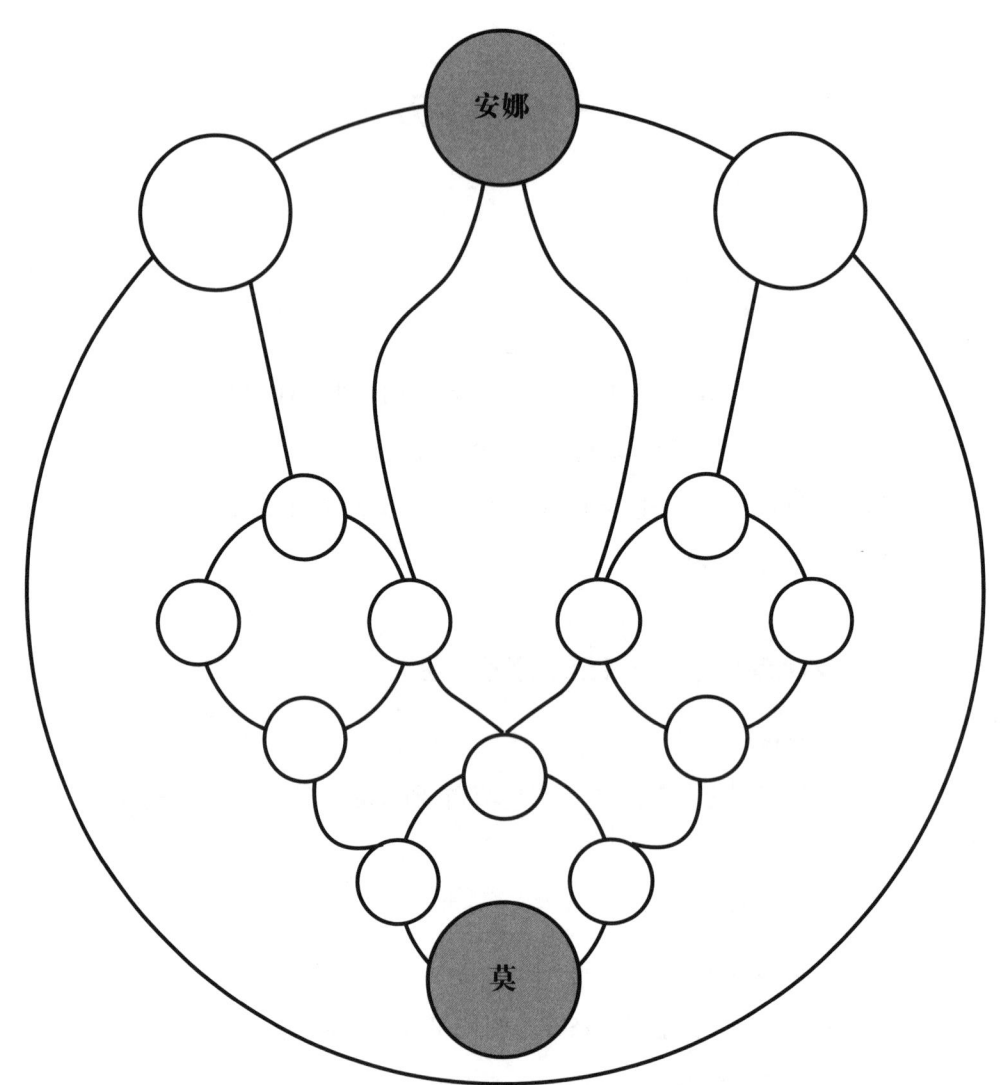

附 录

解决圈步骤总览

准备基础

目标

这第一个步骤用于阐明框架,帮助教练取得参与者对他的信任,了解每个人需要什么才能热情地投入合作,并达成共识。

流程

阐明缘由。

命名外人可见的资源。

介绍工作方法。

明晰职责。

确立基本规则。

有用的提问

» 为了使每个人都能舒服地参与这个工作坊,我们需要遵守哪些沟通规则?

» 你会怎么知道我们是在就事论事,而不是带着情绪?当我们用这种方式讨论时,我们会做些什么?我们不会做些什么?

» 是否每个人都同意我们今天遵循这些规则来工作?

期待与目标

目标

这一步骤的目标是定义会议成功的标准。教练需了解团队成员要达成什么目标,要实现什么期待,参与这个会议才算值得。

流程

在白板纸上收集期待和目标。

有用的提问

» 工作坊里需要发生些什么,才值得你花时间在这儿?

» 工作坊结束后,需要有哪些改变?

» 你如何知道你们已经达到了目标?

» 如果你们一起达到了这个目标,你们的客户会注意到什么?

» 在你看来,实现对工作坊的期待,这个可能性有多大?

热点话题

目标

在这个步骤中,教练与参与者一起决定主题,瞄准那些需要提升的地方。

流程

列出需要改善的范围。

阐明。

把想法分组。

列出热点话题。

参与者加入他们感兴趣的小组。

聚焦亮点

目标

参与者开始寻找问题或冲突不存在的情境，或是问题或冲突不那么严重的情境。他们找出亮点以使他们完成团队目标。

流程

收集亮点。

阐明。

承认并强化资源。

有用的提问

» 在过去几个星期里，关于我们手头的这个话题，有什么事情看起来像个小小的亮点？

» 有什么确切的不同？

» 你贡献了什么使得你的同事做出这样的反应？

» 如果你说在过去几个月里找不到亮点，那么也许有冲突不那么激烈的时刻。你为此贡献了什么？其他人贡献了什么？

» 从这些亮点中，我们能学到哪些对这个问题的解决方案有用的东西？

未来的理想状态

目标

在未来的理想状态这个步骤中，团队设计出非常清晰的未来画面。在这个未来画面中问题已经被解决了。

流程

由在热点话题步骤中形成的利益相关小组来负责处理相应的未来理想状态。这些小组的任务是尽可能精确地描述他们的话题的理想未来，并写下来。

有用的提问

» 如果我们在这个工作坊中取得成功，团队能够确切地朝着我们想要的方向发展，两年后我们会在哪儿？

» 什么会全然不同？

» 客户们会如何谈论我们这个团队？

» 如果我两年后再次遇到你们这个团队，我会看到什么，让我知道一些事情已经变好了？

刻度舞步

目标

团队里每一个成员达到了目前的状态。参与者们要找出在过去,是什么已经在起作用。

流程

教练可以在白板纸上画出这些刻度尺并用胶带把它们贴在地上。参与者用马克笔标注出来,或是站在相应的位置上。

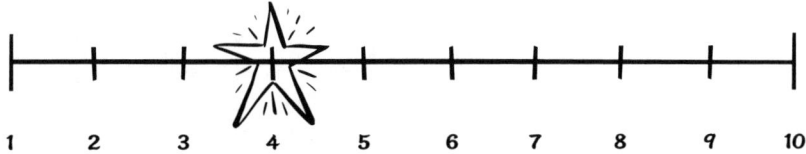

有用的提问

» 想象一个1到10分的刻度尺。关于X这个话题,10分代表理想状态(未来的理想状态),1分代表相反的那头,你现在在几分?

» 你是怎样成功达到这个分数的? 1分和你现在这个分数之间的区别是什么?

» 如果让你思考你最精彩的亮点,那么它在这个刻度尺上处于几分的位置？与你目前的分数有什么不一样的地方？

» 你个人为达到 X 分贡献了什么？

» 你怎么知道你朝着 10 分前进了一小步？

» 为了能保持在 X 分并且不退步，你用了什么资源？

行动步骤

目标

在这一步骤中,参与者们设计具体的方法让团队能够在不久的将来去实施,而且越快越好。

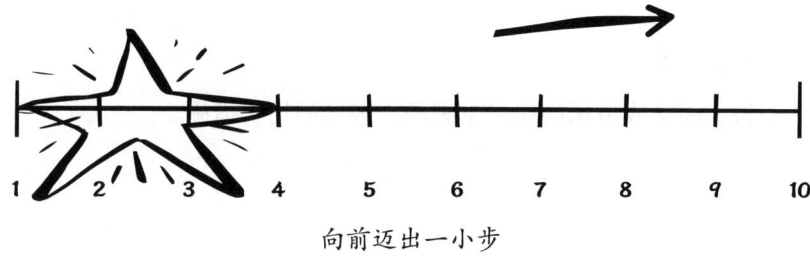

向前迈出一小步

有用的提问

» 为了朝 10 分靠近一步,你需要做些什么?

» 为了让事情向前发展一点点,你能贡献些什么?

» 你是怎么注意到情况变得更好一些了?

» 如果这个刻度尺会说话,它会建议你下一步做什么?

» 如果你实施了这个方法,你的客户会说什么?

» 你准备怎么去交换并指出实施的第一个小小的成功?

个人任务

目标

通过布置一项观察任务或行动导向的任务,将注意力引导至能够持续支持团队日常进程的某些方面。

流程

观察任务。

每名团队成员承诺在接下来马上采取的切实措施。

参考文献

De Jong, Peter and Berg, Insoo Kim (1998). *Interviewing for Solutions*. Brooks/Cole Publishing Company, Pacific Grove, ISBN 0-534-23160-8.

von Foerster, Heinz and Pörksen, Bernhard (1998). *Die Wahrheit ist die Erfindung eines Lügners. Gespräche für Skeptiker*. Carl Auer, Heidelberg.

Furman, Ben and Ahola, Tapani (2001). *Solution Talk: Hosting Therapeutic Conversations*. BT Press, ISBN 1871697786.

Furman, Ben (1998). *It's Never too Late to Have a Happy Childhood*. BT Press, ISBN 1871697727.

Gallwey, Tim (2002). *The Inner Game of Work*. Random House Trade Paperbacks, ISBN 0375758178.

Geisbauer, W. *ReTeaming Handbook*. Private Communication.

Glaserfeld, E. v. u. a. (2002). *Einführung in den Konstruktivismus*. Verlag Pieper GmbH, Munich, ISBN 3-492-21165-8.

Hargens, Jürgen (2002). *Erfolgreich führen und leiten, das will ich auch können* ... Borgmann Publishing GmbH, Dortmund, ISBN 3-86145-228-6.

Jackson, Paul Z. and McKergow, Mark (2002). *The Solutions Focus: The SIMPLE Way to Positive Change.* Nicholas Brealey Publishing, London, ISBN 1-85788-270-9.

Loistl, Otto (1996). *Chaos – zur Theorie nichtlinearer dynamischer Systeme.* R. Oldenburg Verlag GmbH, ISBN 3-486-23813-2.

Mussmann, Dr. Carin and Zbinden, Dr. Reto (2003). *Lösungsorientiert Führen und Beraten.* KV, Zurich, ISBN 2-906607-3.

Pörksen, Bernhard (2001). *Abschied vom Absoluten.* Carl Auer System Verlag, Heidelberg, ISBN 5-140-61080-9.

Radatz, Sonja (2000). *Beratung ohne Ratschlag.* Institut für Systemisches Coaching und Training, Vienna, ISBN 3-902155-00-0.

Rauen, Christopher (2003). *Coaching.* Hogrefe / BRO, ISBN 3-8017-1478-0.

Schreyögg, Astrid (1996). *Coaching.* Campus, Frankfurt, ISBN 3-593-37332-7.

de Shazer, Steve (1988). *Clues: Investigating Solutions in Brief Therapy.* W. W. Norton, New York, ISBN 0-393-70054-2.

Staub, Romi (2002). *Coaching ... und Veränderungen gehen viel einfacher.* Fachpublikation HRM-Dossier, Verlag SPEKTRAmedia, Zürich.

Szabó, Dr. Peter (2003). *Strategie-Umsetzung und Coaching,* in

INDEX. Betriebswirtschaft 2/2003 S. 24 ff.

Szabó, Dr. Peter (2005). "About solutions-focused scaling: 10 minutes for performance and learning" in *Positive Approaches to Change: Applications of Solutions Focus and Appreciative Inquiry at Work*, edited by Mark McKergow and Jenny Clarke, SolutionsBooks, ISBN 0-954-97490-5.

Watzlawick, Paul (1977). *How Real is Real?* Vintage, ISBN 0-394-72256-6.

Watzlawick, Paul (1983). *The Situation is Hopeless, But Not Serious: The Pursuit of Unhappiness*. W. W. Norton.

Whitmore, John (2002). *Coaching for Performance: A Practical Guide to Growing Your Own Skills*. Nicholas Brealey Publishing, ISBN 1-85788-013-7.

zur Bonsen, Matthias and Maleh, Carol (2001). *Appreciative Inquiry*. Beltz Verlag - Weinheim und Basel.

Chinese simplified translation from the English language edition:
Team Coaching with the SolutionCircle: A Practical Guide to Solutions Focused Team Development
by Daniel Meier
Copyright © 2005 Daniel Meier
This work is published by SolutionsBooks.

本书简体中文版由 Daniel Meier 授权宁波出版社独家翻译出版。未经宁波出版社书面许可，不得以任何方式复制或抄袭本书内容。

版权所有，侵犯必究

图字：11—2022—001 号

图书在版编目（CIP）数据

高效团队：教练解决圈实战手册 /（瑞士）丹尼尔·迈耶著；岳蕾译 . — 宁波：宁波出版社，2022.3
ISBN 978-7-5526-4392-3

Ⅰ.①高… Ⅱ.①丹… ②岳… Ⅲ.①团队管理—手册 Ⅳ.① C936-62

中国版本图书馆 CIP 数据核字（2021）第 261467 号

高效团队 —— 教练解决圈实战手册
［瑞士］丹尼尔·迈耶 著；岳蕾 译

出版发行	宁波出版社
	（宁波市甬江大道 1 号宁波书城 8 号楼 6 楼　315040）
责任编辑	陈　静
助理编辑	刘思雨
责任校对	虞姬颖　秦梦嫄
印　　刷	宁波白云印刷有限公司
开　　本	787mm×1092mm　1/16
印　　张	11.25
字　　数	130 千
版次印次	2022 年 3 月第 1 版　2022 年 3 月第 1 次印刷
标准书号	ISBN 978-7-5526-4392-3
定　　价	58.00 元

（如发现缺页或倒装，影响阅读，请与印刷厂联系，电话：0574-83875165）

"焦典"读书群

本读书群由杭州焦典教育咨询有限公司旗下的焦点解决高效教练中心主办，旨在分享与焦点解决高效教练相关的图书和实践，促进焦点解决爱好者之间的交流与学习。

秉承着"传承焦点解决精髓，打造高效教练典范"的使命精神，焦点解决高效教练中心与加拿大、瑞士、新加坡等国际焦点解决取向的教练机构合作，携手推动高效教练在职场发展、管理、领导力、打造卓越团队等方面的应用，致力于为企业、组织和职场人士提供高品质的专业教练和培训服务，并成为在组织中应用焦点解决的人才孵化基地。

加入"焦典"读书群，了解更多相关资讯，参与《高效团队：教练解决圈实战手册》以及更多焦点解决高效教练图书的学习。

扫码进群
参与本书的学习

进入宁波出版社微店
购买更多焦点解决好书